国語教育選書

「判断する力」を育む

国語科の授業づくり

益地憲一 監修

国語教育実践理論研究会 編著

明治図書

まえがき

　本書『「判断する力」を育む国語科の授業づくり』は，国語科で「育成すべき資質・能力」として取り上げられた「思考・判断・表現」のうち「判断」に光を当て，その能力の育成に資する授業づくりについて探究を行ったものである。

　研究対象として「判断」を選んだ理由は二つある。一つは，前回の研究対象であった「思考」や馴染みの深い「表現」に比べて「判断」の実態や指導法は十分には検討されておらず，検討の必要性を感じたからである。

　「思考」については周知のように盛んに取り上げられており，国語教育実践理論研究会（略称 KZR）でも「論理的思考」（論理に則って行われる思考）と「感性的思考」（感性に則って行われる思考）という補完し合う２種類の「思考」を柱として探究し，前著『「感性的思考」と「論理的思考」を生かした「ことばを磨き考え合う」授業づくり』（明治図書，2020）としてまとめた。「表現」も馴染みのある作用・活動であり，これまでもしばしば研究対象として取り上げられてきている。

　「判断」には他の二つに比べ，先行実践・研究や説明が少なく，国語科指導の中で，どこまで視野に収め，どのように育てるかということについて戸惑いを覚えるような状態であった。

　今一つの理由は前回の研究成果とのつながりを見いだしたからである。前著においては，「感性的思考」を「思考」の一つの柱として位置づけたことによって，従来知的・理性的な作用としてとらえられがちであった「思考（考える）」を情意的な「思考（思う）」まで視野を拡げてとらえられるようになった。「判断」が論理学では「思考」の一機能と位置づけられていることを考えれば「思考」同様，知的・理性的な作用とだけ限定せずに，感性的な根拠に基づく「判断」があってもよいのではないかと考えた。そうすれば「思考」の実践的研究と併せて「思考→判断→表現」の流れを豊かにする授業づくりができるのではないかと考えた。

研究を進めるにあたっては，研究対象を「判断」ではなく「判断する力」とした。動詞化することで授業者・学習者いずれの立場からも授業のめざすところや具体的な活動を見えやすくできるからである。

　本書は，第１章「『判断する力』を育てる国語科の授業づくりの理論」，第２章「国語科３領域の判断する視点」，第３章「『判断する力』を育てる国語科の授業プラン」の３章仕立てである。まず，第１章では，「１　今育てたい『判断する力』とは」「２　判断の質的な深まりをとらえる五つの観点」「３　授業づくりにつながる判断の内容・契機」からなる研究の基礎的な考え方を示した。

　なお，「判断の質的な深まりをとらえる五つの観点」は判断する力が深まったととらえるための観点であり，「判断する力」の備えるべき要件ともいえる。以下に示す５項目である。

　①判断の主体性　②目的に合った判断内容　③判断の根拠の確かさ・視野の広さ　④判断のスムーズさ　⑤方法の適切性・くふうの見られる判断

　第２章では「話すこと・聞くこと」「書くこと」「読むこと」の３領域それぞれの「判断する視点」を表示し，授業づくりにあたっての手がかりとなるようにした。第３章は授業づくりの実践編であり，第１章の２節で示した「判断の質的な深まりをとらえる五つの観点」に沿った節立てと今日的課題である「AIと判断する力」の６項目からなっている。実践の授業プランの中に，日常の教育，日本語教育，AIの活用などの今日的課題や隣接領域からの視点あるいは日常的な指導を加えたのは本書の試みである。

　「判断」は行き止まりではなく，課題解決や言語活動を前に進め，新たなつながりを生み出す。「推進力としての判断」には「進める働き」と「つなぐ働き」がある。それらがうまく機能するようにしたいものである。

　2025年３月

益地憲一

目　次

第1章

「判断する力」を育てる国語科の授業づくりの理論

1

今育てたい「判断する力」とは

1 今なぜ「判断する力」を育てるのか

　今日は予測不可能で複雑な時代になったといわれ，そのような中でも自律的かつ的確に判断，行動できる人材の育成が求められている。さらに生成AIとの共存の時代になり，教育界では生成AIをどう学習と結びつけていくのかという問題も急速に議論が進んでいる。生成AIに頼りきるのでなく，敬遠するのでもなく，どう利活用するかの判断が問われている。

　平成10年版学習指導要領以降，育てたい資質・能力として「思考力」「判断力」「表現力」の三つが一括りにして掲げられている。その中で，「判断力」が「思考力」と分けて示されるのは，その重要性を前提としているからであろう。しかし，現行学習指導要領，そこから遡って中教審答申等を確認しても「判断力」についての言及は極めて少ない。「言語能力の向上に関する特別チームにおける審議の取りまとめ」（2016）資料では，「思考力・判断力・表現力」について，「認識から思考へ」「思考から表現へ」の過程の循環により思考力・表現力が育成されると述べられている。「議論や論証の構造を判断する」の項目が挙げられているが，「判断」と明示的な説明があるのはこの箇所のみである。しかし，このような，議論の場で立場をはっきり決める明示的な判断ではない，いわばもっと小さな判断が国語学習の中に埋め込まれているであろうことは，経験的に理解できることである。見えやすい判断のみならず，見えにくい小さな判断にも目を向け，それらを授業に組み込んでいくべきである。その際，「判断力」ではなく「判断する力」として具体的な活動の中でどう判断するのか，学習活動に直結する「判断する力」

を育成し，思考力と表現力とのつながりを明らかにすることが必要であると考えた。

　一般的には「思考」とは，時間を要することであり，迷うこともあるが，「判断」とは「決断する」ことであり，瞬間の行為であるとみなされることが多い。「思考力・判断力・表現力等」は学びの流れや過程も意味しており，それらの往還の中で判断が思考と表現をつなぎ学習の深化に弾みをつける。そして，判断することが契機になって，学習者自身の主体性，能動性が発揮されるに違いない。国語科の究極の使命は，主体的な言語生活者を育成することであるが，そのことに「判断する力」が大きく寄与するのではないか。改めて判断のありようを見つめなおし，学習者が言葉を通して「判断する力」を高める授業づくりのあり方，判断する経験を通して言葉の力を磨く授業のあり方を提起する。

2　なぜ「判断する力」なのか

　「判断」，「判断力」は，一般的には「物事を正しく認識し，評価すること（力）」[注1] と受け止められている。教育学の分野では，「判断とは，状況を識別したり比較したりしながら，自分の意見や評価を作り上げる心的な意思決定過程である。判断力は，この判断を的確に行う能力である」[注2] とある。また心理学の分野では，「判断は，行動に選択が関与し，（中略）一般には，複数の選択肢の間で採択の優位性を決定することである」[注3] とある。

　国語教育界では，輿水（1981）が，「事実」に対して「意見」と「判断」はほぼ同義で，「判断」はより知的な面を指すという見解を示している。古くは，増淵（1966）が，「ある事実，行動，思想などについて，ある意見をもつこと，はっきりせず混同していた関係を，はっきりと意識する知的活動」と述べている。そして，昭和33年版の学習指導要領には小6の学年目標に「判断しながら聞くことができるようにする」とあることを指摘しつつ，国語科のみが判断力の養成を担うものではないが大きな役割を果たす教科で

あると指摘している。

　これらの定義や言説をふまえ，日常の国語科指導の実際を念頭に，判断する具体的な姿を，学習対象や課題をとらえたうえで，**「解釈・吟味・評価・選択・認定・見通し・決定」** に至る営みととらえた。これらの思考操作・行為は，必ずしもこの順序に沿って生起するとは限らず行きつ戻りつすることが考えられる。「解釈」そのものも判断だともいえるし，「解釈」「吟味」「評価」はほぼ同時に行われることもある。「認定」は，例えば文章を書きその推敲や共有に取り組みながら，ある表現に文法的な誤りがあると「認定する」ような場合が挙げられる。そして，プロセスや学習全体を俯瞰し，先の学習への見通しをもつことや自身の思考や判断を反省的にメタ認知しつつとらえていく力も判断することに関わっているであろう。「見通し」をもつことが，先を読み，判断の範囲を広げより妥当な判断につながり，メタ認知によってより確かな判断が期待できると考えられないだろうか。

　「思考」から「判断」への一連の思考操作・行為を含めて「判断する力」ととらえている。判断することは，選択する，決定するなどの瞬間の行為であるものの，そこに至る過程を切り捨てて判断を見ることはできないと考えた。そのため「判断する力」として「判断」そのものよりも対象を広くとらえたいと考えたのである。本研究の「判断する力」にはそのような思いを込めている。そして，「判断力」よりも「判断する力」が，具体的な実践場面に直結していると考えている。

3　授業実践へ

　本研究の授業実践では，意図的に判断することを組み込んで授業を行いつつ，授業の一連の学習活動の中で生起していた判断をすくい上げ見取ろうとしてきた。授業実践に取り組むにあたり，その分析，考察の観点として以下の七つを挙げ取り組んできた。

　①学習者が何について判断したのか

②いつ判断したか（判断のタイミングや学習場面）

③どう判断したのか

④何を根拠に判断したのか（根拠・規準）

⑤判断の結果をどのように表現していたか

⑥判断の結果がその先の学習にどのように生かされたか

⑦指導のくふうやポイントになることは何か

　①〜⑥は，学習者視点で示しているが，裏を返せば教師が①〜⑥を念頭に授業を組み立て，支援していくことになる。⑦の指導のくふうやポイントは，①〜⑥どれにも関わるが，④を特に重視したい。根拠・理由や規準を意識して判断するように学習者に求め，それらを挙げさせたり，選べるようにしたり，ねらいや学習者の実態に応じて手立てが施されるはずである。本研究は，学習者個人の内面で生起するものを対象にしているものの，判断の「深まり」という面では，他者との共有・交流が新しい視点を得たり判断をとらえなおすことを促したりして，深めることに作用すると考える。

　第3章で紹介する実践に共通しているのは主に以下の4点である。

i　判断する場面を意図的に設定する。

ii　判断とそれに至る思考をとらえるために，学習者が記述する場や記述の仕方をくふうする。

iii　判断を個で閉じずに交流の場を意識的に設け，個の判断と集団の判断のすり合わせを行う。

iv　自己の判断のヴァージョンアップをし自覚するようにする。

（阿部　藤子）

〈引用・参考文献〉

（注1）『大辞泉』第2版下（2012）小学館

（注2）安彦忠彦他編（2002）『新版　現代学校教育大事典5』ぎょうせい

（注3）『心理学事典』（1999）有斐閣

・輿水実（1981）『新国語科教育基本用語辞典』明治図書

・増淵恒吉（1966）『国語教育辞典』第三版　学燈社

・文部科学省（2016）「言語能力の向上に関する特別チームにおける審議の取りまとめ」

2

判断の質的な深まりをとらえる五つの観点

1 「判断」は思考操作・行為の推進力

　我々は日々多くの「判断」を積み重ねながら課題解決や生活に取り組んでいる。動詞化した言葉「判断する」は，単に何かを選択したり決定したりするという活動だけを指すのではない。前節ではその具体的な姿を「学習対象や課題をとらえたうえで，『解釈・吟味・評価・選択・認定・見通し・決定』に至る営み」と述べた。「解釈」をはじめとするこれら七つの思考操作・行為は多様で，そのねらい・内容・方法は異なるが，いずれも課題解決や言語活動を前進させる働きをもっている。それらを包摂した「判断する」ことは，当然選択したり決定したりするという個別の活動を担うとともに，課題解決や言語活動を進める推進力としての働きを担っている。

2 推進力をとらえる

(1) 量的・客観的なとらえと限界

　推進力としての「判断力」の伸長は所要時間の短縮や根拠の量的変化，対象の焦点化や視野の拡大，用語・表現の明瞭化，といった客観的事実を根拠としてある程度とらえることはできる。「判断」が論理学で「思考」の機能の一つとして位置づけられ，理性的で知的な作用と見なされてきたこともあって，量的・客観的事実を根拠とすることにさほどの違和感はなかった。国語教育においても「思考」といえば「論理的思考」という考え方が支配的であり，「判断する」ことは客観的事実が重視される論理的思考と結びつけて

取り上げられる傾向があった。

　しかし，個別の意思や価値観，感性的思考に基づく「判断」や経験に基づく個性的な「判断」も多く，量的・客観的事実に頼るだけでは不十分である。また，推進力をとらえるというと，「馬力」という用語に象徴されるような力の強弱だけを対象としがちであるが，推進する主体の立ち位置やタイミング，推進するエネルギー源の種類や効率，力の向かう方向や流れ，等々，状況依存的な付随要素を見落とさず，視野に収めることも必要となる。

⑵　「質的な深まり」のとらえ

　⑴で述べたような目配りをしたうえで，「判断」そのものの内容や方法に目を向け，その信頼性，妥当性の向上がなされ，それまで気づかなかった新鮮な見方や表現する言葉の鋭さ・明瞭さ等が付加される姿を「判断の質的な深まり」ととらえた。

　「判断の質的な深まり」をとらえる観点を考えるにあたっては，質的心理学の考え方[注]が示唆を与えてくれる。授業における具体的事例を対象としていること，客観的根拠に基づく一つだけの正解を求めないこと，「言語」による記述を活用していることなどである。換言すれば，状況依存による変化への柔軟な対応，個に寄り添う姿勢，国語教育に直結する日本語での自由記述ということである。また，古典的な質的心理学との相違点である過度の主観的研究の否定，省察の必要性，他者や文化との関係性が取り上げられていることも生かせる。客観だけでなく主観も疑うという姿勢，「主観的な判断→省察（メタ認知）を経た判断→他者との共同討議を経た判断」といった深まりの段階を考える手がかりを与えてくれるからである。

3　判断の質的な深まりをとらえる観点

⑴　判断の基盤となる二つの働き

　「判断の質的な深まり」をとらえるにあたっては，まず「判断」の基盤となる二つの働き，「思考→判断→表現」に象徴される「つなぐ働き」と「推

進力」と表示した「進める働き」が果たされていることを確認する必要がある。そのうえで「質の深まり」を問うことが求められる。観点の選定にあたっては、「判断」内容の多様性や状況依存による変化に対応しうるよう，煩雑でなく，活動時の具体的な手がかりとなりうる五つの要件に絞った。

(2) 判断の質的な深まりをとらえる五つの観点

①判断の主体性

「判断」は本来主体的な行為であり，主体性は「判断する力」には欠かせない要件である。その基本的要素は，自発性と能動性である。自ら取り組んだか，積極的に取り組んだか，ということである。その度合いが高まれば質の深まりがあったとみなすことができる。「選択をする」ということを例にすれば，他者から促されて行う選択から自ら考えて行う選択への変化を軸とし，発達段階や経験，情意的傾向等をふまえて，教師や他の学習者との関わりなどの要素を加味していくことが必要である。ただ，主体性ということにとらわれて他者とのコミュニケーションを制限したり，形式的機械的な取捨選択をさせないようにしたいものである。主体性は他者との共同活動を通して研ぎ澄まされ，説得力のある「判断」につながるからである。

②目的に合った判断内容

目的に合った「判断」か，活動を進めるうえで必要，あるいは有効な「判断」かを問う観点である。ねらった被写体からそれた写真は役立たないように，求められた対象や課題内容からそれた「判断」は無意味であるだけではなく，かえって「思考」や「判断」に混乱をもたらす。学びにおけるそのときそのときのふり返りや見通し等の役割に照らしながら，「判断」対象の適否や「判断」内容の焦点化を考えなければならない。写真撮影における被写体決定やピント合わせにあたる観点といえよう。「つなぐ働き」「進める働き」という基盤となる働きに照らして確かめたい観点である。

③判断の根拠の確かさ・視野の広さ

客観的な根拠だけに基づく「判断」には限界があることはすでに述べた。また行きすぎた主観的な「判断」に陥ることの危険性についても述べた。そ

のように考えると「判断」の質は，客観か主観ということだけに限らず，その根拠によって左右されることが分かる。例えば，一見独善的な「判断」に思えても，説得力のある根拠によって個性的な見方や新鮮な見方として受け入れられることもある。ネットワーク化した複数の根拠，経験に裏づけられた直観など，根拠の信頼性や説得力はさまざまな言葉や作用として表れる。意味の不安定さを伴う言葉を頼りにどこまでとらえられるかが課題である。また，「判断」の根拠をどれだけ視野を広げて見つけ出せるかも課題である。

④判断のスムーズさ

「スムーズさ」は円滑さであり，速さにだけ由来するのではない。「思考→判断→表現」の流れに位置づく内的操作や言語活動の無理のない展開やつながりを問う観点である。速い「判断」ほど「スムーズ」だとは一概にいえないが，試合などでは瞬発性が進行のスムーズさに直結することもある。ただ，「判断」の適材適所ともいえる内容のバランスやタイミングなどを構造的にとらえることができるほうが円滑な思考操作や活動につながる。

円滑さを妨げる一つの原因である言葉も意味の明瞭さ・使い方の鋭さを増すことによって「判断の質の深める」ことにつながる。

⑤方法の適切性・くふうの見られる判断

本書にはポートフォリオの活用，グループ討論や対話の利用，スペアを視野に入れた「判断」，AIを利用した「判断」のように，さまざまな方法的くふうが提案されている。いずれも実践の場の状況に応じ，ねらいの達成に向けたくふうである。これらのくふうが「判断力を育む」ためには，目の付け所やアイデアが優れているだけでは不十分である。「自己評価を取り入れる」といった活動の大枠を示す段階でとどまらず，実践可能なレベルまで見据えた詳細な計画が必要である。くふうが生きるためには具体的な手立てや内容が必要だからである。

（益地　憲一）

（注）やまだようこ編（2007）『質的心理学の方法　語りをきく』（新曜社）の同氏執筆「第1部　1　質的心理学とは」から多くの示唆を受けた。

3

授業づくりにつながる判断の内容・契機

1 国語科の学習内容に深く関わる主な「判断」

　国語科の授業では，学習者にどのような「判断」を求め，「判断する力」の育成を図る必要があるのだろうか。次頁の表は，国語科の学習内容に深く関わる主な「判断」を，項目ごとに分類整理し，列挙したものである。

　この表には，**国語科授業で培うべき「判断する力」**を授業者が把握するために，判断の対象となる内容を11に分類し，なぜこれらの「判断」を授業に組み込む必要があるのかを，具体的な学習内容例と共に示している。**授業者が国語科の学習内容に関わる「判断」の全体像をとらえ，それを念頭に「判断する力」の育成を図る**ための一助として作成したものである。①の「正誤」は，基礎的・基本的な知識・技能に関わる事柄であるが，「誤読」などは，判断が難しい問題を含んでいる。②の好嫌／快・不快は，学習者がテクストに主体的に向き合ううえで重要な感性的思考に関わる「判断」である。②と同様に③も，感性的思考に深く関わる「判断」の内容で，美しく豊かな日本語の使い手となるために不可欠な項目である（「感性的思考」と「論理的思考」の双方を働かせることは，より望ましい「判断」のために重要である。「感性的思考」については，本会の前著『「感性的思考」と「論理的思考」を生かした「ことばを磨き考え合う」授業づくり』明治図書，2020を参照されたい）。⑥の「適切さ」は言葉による望ましいコミュニケーションを成立させるうえで欠かせない「判断」である。また，⑪の「価値」についての「判断」は，言葉をメタ的にとらえ，言語生活の改善を図るうえで重要で，さまざまな「判断」を総合した高次の「判断」である。

国語科の学習内容に深く関わる主な「判断」

① **正誤**ー国語科の基礎・基本的な知識・技能の習得において正誤の判断は重要で，入門期には，とりわけ大切にしたい。音読等の言語活動を通して自然に気づかせるような判断場面の設定も求められる。なお，文学テクストの読解では誤読か否かの線引きが難しい。本文に即し，学習者に，いつ，どのように正誤の判断をさせながら，より深く豊かに読ませていくかは，授業づくりのポイントの一つになる。例ー発音・発声，文字・表記，文法，待遇表現，文章の読解他

② **好嫌／快・不快**ー好嫌の判断は，学習者が言葉やテクストに主体的に向き合うきっかけをつくる。また，スピーチ等においては，相手の好嫌や快・不快を慮り，言葉，口調や身振り，取り上げる事例等を選ぶことで，聞き手が受け入れやすいものにできる。これは文章表現にもあてはまる。例ー発音・発声，口調，表情，身振り・手振り，使用語彙，事例の挙げ方，叙述，文体他

③ **美しさ・豊かさ**ー言語生活における美しく豊かな言葉遣い，表記やレイアウトを含めた文章表現と構成，表現面に着目した文学テクストの観賞等で美しさ・豊かさの判断が求められる。例ー発音・発声，朗読，使用語彙，表記，文章構成，叙述，表現技法，詩歌の音韻，書写他

④ **巧みさ**ー巧みさの判断は，表現面に着目して読む目を育てる。より洗練された話をしたり，文章を書いたりすることにも関わる。例ー朗読，語句の選択，話や文章の構成，表現技法他

⑤ **善悪**ー善悪の判断場面を授業に適切に組み込むことは，テクスト理解を深め，考えの形成を促すことに結びつく。同時に，「善悪」のみではとらえきれない人間の内面などを判断の過程で考えさせることも，文学の授業等には求められる。例ー登場人物の行為，話者・筆者の主張他

⑥ **適切さ**ー望ましいコミュニケーションのためには，適切さについての判断がとりわけ大切になる。スピーチ等での音声言語では，音量や言葉遣い，事例の挙げ方など場に応じた対応が求められる。聞き手の反応を受け止めた臨機応変な判断による調整も重要である。文章表現では，目的・相手・立場に照らした適切さの判断がどの文種においても欠かせない。例ー音量，口調，表情・身振り・手振り，事例の挙げ方，使用語彙，応答，発言の機会，待遇表現，構成，文体他

⑦ **是非（賛否・可否）**ー是非や賛否，可否の判断は，国語科の授業づくりの鍵となることが多い判断内容である。例ー使用語彙，話し手の意見，話し合い，ディベート，意見文・論説文・報道等の意見・主張，登場人物の考え・行動他

⑧ **意味／解釈**ー語義から，テクストの解釈まで，意味／解釈は，国語科の授業における重要な判断内容となる。解釈に関わる学習者相互の判断内容の交流が軸となり，「読むこと」の学習が展開されることも多い。例ー発話の意味，発話者の意図，語句の辞書的意味，語句の文脈上の意味，登場人物の言動の意味，場面設定や情景描写の意味，テクストの主題他

⑨ **効果**ー発話が聞き手に与える効果，文章が読み手に与える効果についての判断は，コミュニケーションを改善し表現を磨くうえで重要である。例ーディベートでの発言，意見文の表現，文学テクストの表現他

⑩ **真偽**ープレゼンテーションや報告書等で伝えられた情報の見極め，「信頼できない語り手」に着目しての文学テクストの読み込み等，真偽についての判断は，メディアリテラシーを高めるためにも，解釈・鑑賞を深めるためにも重要である。例ー聞き取った事柄の内容，情報の収集・吟味・活用，説明的文章の読解，文学テクストの読解・観賞・批評他

⑪ **価値**ー言葉に関わる価値判断は，完成度の高い表現を求めたり，鑑賞力・批評力を培ったりするために，求められる判断である。言語運用・言語生活のあり方や言語テクストの完成度について価値判断を重ねることで，言葉に対するメタ認知能力も高まる。例ー日常の言語生活，スピーチ，プレゼンテーション，作文等の内容・表現，文学テクストの観賞・批評他

「判断場面」を適切かつ効果的に位置づけ，「判断する力」の育成を図るために，また，「判断」を切り口にした国語科授業改善のために本表を活用していただきたい。さらに，これらの項目を発達段階に応じて学習者自身にも意識させ，より主体的・自覚的に言葉に関わる「判断」に向かわせる授業づくりの一助にしていただければと考える。

同時に，授業で求められる「判断」の内容には，「難易」や「取捨」の判断など，教科の枠を越えて欠かせないものもある。国語科の学習内容に即して「判断」を考えると同時に，他教科や教科外活動で取り上げる内容も視野に入れ，**教科横断的に国語科授業で取り上げる「判断」の内容について吟味することもまた求められる。**さらに，ここに挙げた**「学習内容そのものに関わる判断」**に加え，**「学習の調整や推進のために必要な判断」**にも着目し，授業づくりや「判断する力」の育成に取り組む必要がある。

2 国語科授業における三つの「判断」の契機

国語科授業における「判断」の契機には，次の三つの対話を通した「判断場面」が想定される（なお，第2章1節では，領域の特性をふまえた学習指導に資するために，5分類を採っている）。三つの契機において，学習者が「感性的思考」と「論理的思考」の双方を働かせ，テクスト（学習材・学習内容・学習の場），他者，自己と向き合い，思い，考える中でより妥当で深い「判断」を下せるよう，学習指導にあたりたい。そのような学習指導の意図的・計画的な積み重ねにより，「判断する力」が育つと考える。

【国語科授業における三つの「判断」の契機】

A テクスト（学習材・学習内容・学習の場）との対話を通しての「判断」

単一のテクストとの対話・複数のテクストとの対話，関連するテクストを求めての対話〔聞く・読む・見る・体験する・調べる〕

B 他者との対話を通しての「判断」

学習者相互の対話・学習者と授業者との対話・学習者と外部の他者との対

話〔音声言語による対話・文字言語による対話・ICT による対話〕

C　自己との対話を通しての「判断」

　現在の自己との対話・過去の体験との対話〔沈黙の時間・書くという行為―自由記述の文章・ワークシート・評価カード・ノート・ICT〕

　これらA，B，Cの往還によって，学習者の「判断」が深い思考に基づく，より適切なものになっていく。また，このような**三つの対話を通した「判断」を重ねる**ことで，「個人の判断」が確立されるだけでなく，学習集団の共通理解，あるいは合意形成としての**「判断の共有」**が可能になると考える。

　なお，ここでいう「テクスト」は，教科書教材等の文献資料に限るものではない。「話すこと・聞くこと」や「書くこと」では，生活の中の問題もテクストであり，「学習内容」としての言語活動と「場」もテクスト内の重要な要素となる。これらの領域では，授業者がテクストを自主編成したり，学習者自身が自らテクストを創出したりすることも必要に応じて求められる。

　授業づくりにあたっては，課題設定や発問，学習形態等をくふうし，Bの「他者との対話を通しての『判断』」を，いかに深めていくかが一つのポイントとなろう。学習者は，「他者の判断」と「自身の判断」をつきあわせることによって，**「判断」の根拠を問われ，自身のものの見方・感じ方・考え方を見つめなおす**ことになる。他者と向き合うことで，視野が広がり，「自身の判断」を見返すこともできる。それゆえ，Bを経たうえで，Aの「テクストとの対話を通しての『判断』」に立ち戻り，他者の自分とは異なる視点とそれに基づく「判断」に照らし，テクストと再度向き合うことも重要となる。さらにB，Aを経て，Cの「自己との対話を通しての『判断』」の場をもつことで，**「判断」の更新（変更あるいは強化）**が促され，**「判断」がより妥当で深いものになる**ことが期待できる。これら三つの契機において，**学習者が，テクストや他者，そして自己の言葉を俯瞰的に見つめる（見通す・見渡す・見返す）場を設定する**ことも大切にしたい。このような学びの中で，前掲の表に示す①〜⑪の内容をどう位置づけるかをくふうし，「判断する力」を育む授業づくりに取り組みたい。

（植西　浩一）

第2章

国語科3領域の
判断する視点

1

話すこと・聞くことの判断する視点

1 話し言葉のコミュニケーションの特質

　話し言葉のコミュニケーションが，書いて伝えたり読んで理解したりするコミュニケーションと決定的に違うのは，まさに目の前に対話の相手がいることだ。相手の様子に応じて瞬時に話し方を変えたり，相手の発言を受けてその場で考えが変わったりすることさえある。また文章ならば何度も読み直すことができるが，対話では同じ話を聞き直すのはほぼ不可能だ。「もう一度言ってください」と頼めばもう一度話してくれるだろう。しかしそれはすでにさっき聞いた発話ではない。「もう一度？　分からなかったのかな」と考えた相手は，同じ内容を繰り返すにしても微妙に語調や伝え方が変わってしまうのだ。

　話し言葉による対話は常に判断の連続であり，それは相互に作用し合う。絶えず判断しながら対話していく結果，最初に考えていたのとは全く違う結論やアイデアさえ生まれてくるのが話し言葉の特質なのだ。

2 「話題・内容」「相手」「自分」「言葉・表現」「場・流れ」

　「判断の視点」を整理するにあたり，「書くこと」「読むこと」の学習における判断の視点は学習指導要領の「思考力・判断力・表現力等」の枠組みに沿った形で示している。しかし「話すこと・聞くこと」の学習における判断の視点については，私たちは上述の話し言葉の特性をふまえ，学習指導要領の枠組みとは異なる整理を試みることにした。

```
┌─── 対話場面を中心に置いた判断する視点 ─────────────────┐
│                                                                    │
│            聞　く                        話　す                     │
│ 1　話題・内容（対事）                                                │
│  ア　話し手は何について話しているか・話してい   ア　言いたいことの中心は何か。              │
│      ないか。                              伝えたいことは明確か。（話題，中心）     │
│      （話題，限定）                       イ　言いたいことや自分の考え方が話せているか。  │
│  イ　聞いた内容が分かったか。                   （事柄，論理，条件，よさ等）         │
│      （事柄，論理，条件，よさ等）          ウ　話せていないことはないか。過不足はないか。  │
│  ウ　分からないことは何か。有効な情報か。           有効な情報か。（過不足，鮮度）       │
│      （過不足，鮮度）                                                 │
│ 2　相手（対他）                                                     │
│  ア　話し手はどんな立場か，どんな目的や意図で   ア　聞き手はどんな立場か，どんな目的や意図で  │
│      話しているか。（立場・状況・目的・意図）      聞いているか。（立場・状況・目的・意図）  │
│  イ　話し手はどんな見方・考え方で話しているか。 イ　聞き手は自分の話を理解しているか。     │
│      相手のよさや相手らしさはどこにあるか。         内容や意見が伝わっているか。       │
│  ウ　話し手は言いたいことを話せているか。        ウ　聞き手が知りたいことは何か。       │
│      本当の気持ちは何か。                       聞き手は聞きたいことが聞けているか。    │
│ 3　自分（対自）                                                     │
│  ア　話題や話の内容について自分はどう考えるか。 ア　話題や話の内容について自分はどう考えるか。 │
│      （共感・賛否・疑問等）                      今話しているのはたしかに自分の意見か。   │
│  イ　自分の考えと同じか違うか，他の意見や自分      （共感・賛否・疑問等）           │
│      が知っている情報と結びつけるとどうなるか。 イ　自分の考えと他の意見や情報との関連はどう  │
│  ウ　話を聞いて，自分の考えに変容があるか。         か。                    │
│                                           自分の考えのよさや自分らしさはどこにある  │
│                                           か。                    │
│                                       ウ　話してみて，自分の考えに変容があったか・  │
│                                           自覚できたか。              │
│ 4　言葉・表現（対言）                                                │
│  ア　どんな言葉や表現（声調や仕草も含む）で話   ア　言葉選びや表現のくふうは目的や意図に合っ  │
│      しているか。それは適切か，言外の意味を感      ているか。（言葉選び，声調や仕草，順序，  │
│      じるか。（言葉選び，声調や仕草，順序，説      説得の効果・インパクト）         │
│      得の効果・インパクト）               イ　定義や限定を明らかにして話しているか。   │
│  イ　定義や限定は明らかにされているか。            論理的に話しているか。（論理）     │
│      筋が通った述べ方か。（論理）          ウ　真情や誠意が伝わる言葉や表現か。      │
│  ウ　言葉や表現に真情や誠意が伝わるか。                                 │
│ 5　場・流れ（対場）                                                 │
│  ア　目的に沿っているか，論点は何か。                                   │
│  イ　発言・質問をするか。進行意見を出すか，聞く・考えるか。                      │
│      （タイミング，流れをとらえた参加，待つ・沈黙も含む）                       │
│  ウ　全員が参加できているか，少数意見が大切にされているか。                      │
│  エ　整理したりまとめたりできるか。相互理解や合意できそうか。                     │
│                                                                    │
└────────────────────────────────────────────┘
```

＊場や流れ（対場）に対する判断は「話す」「聞く」共通のため区分せず示すことにした。

　もちろん例えば「話題の設定・情報の収集・内容の検討」（話すこと）の場面ではどのような判断が行われるか，あるいは「構造と内容の把握」（聞くこと）の場面ではどのような判断をしているか，と考えていくことはできる。むしろ当初はそのような整理を試み，話すための準備の中ではこうした判断が働く，あるいは聞いた話の「内容」を検討する際にはそうした視点で

判断を行っていると取り出すことはできた。しかし，そうして取り出せた判断の様相はどうも対話の場の生き生きしたやりとりを映していないような違和感を覚えたのである。W. S. ハウエルと久米昭元は対話自体を相互的な作用と考えたが（『感性のコミュニケーション』1992），私たちの対話は，もっと動的で相互的なものであるはずだ。対話の場で連続的かつ相互に影響し合いながら行われている判断を，どのような枠組みで整理していくのがよいだろうか。

　私たちは「国語科授業における三つの『判断』の契機」として，「A　テクストとの対話を通しての『判断』」「B　他者との対話を通しての『判断』」「C　自己との対話を通しての『判断』」を指摘した（第1章3節）。

　では話し言葉ではどうか。高橋俊三は対話コミュニケーションに働く「対事」「対自」「対他」「対言」の四つの意識を指摘し，それぞれへの指導を行っていくことで対話の力を高めていくことを提起した（『対話能力を磨く』1993）。対事とは対話の対象となる話題・物事に対する意識，対自は自分自身の考えや思いへの意識，対他は対話の相手や相手の見方・考え方への意識，対言は対話で交わし合う言葉への意識としてよいだろう。対話ではそれぞれの瞬間にこうした意識がそれぞれに契機となって判断が行われていくと考えてはどうだろうか。さらに対話では，対話の目的や対話の場の状況に対する意識（対場）が重要になることは，平成20年版学習指導要領で提起され，同29年度版にも引き継がれているが，この「対場」の意識が判断の契機として働くことも加えていく必要があるだろう。

　そこで，「話題・内容」「相手」「自分」「言葉・表現」「場・流れ」という五つの枠組みで，あらたに整理を試みたのが，23頁に示した「対話場面を中心に置いた判断する視点」である。

3　対話場面を中心に置いた判断する視点

　対話の場面では，話し手と聞き手と交互に役割を変えながら参加していく。

そこで，「対話場面を中心に置いた判断する視点」では，「聞く」「話す」を並べて示すことにした。そして，判断の契機となる「話題・内容」「相手」「自分」「言葉・表現」「場・流れ」の五つを枠組みとして，どのような判断がなされていくか，主なものを三つ程度例示してみた。

　各項目には，（話題，限定）のような語がついているものとついていないものがあるが，例えば，「1　話題・内容（対事）」の「ア　話し手は何について話しているか・話していないか」というのは，「話題」に対する判断でもあり，また相手がどのような「限定」で話しているかに対する判断であると，括弧の語句で補足することで，より理解しやすくなると思われた項目に付したものである。

　「2　相手（対他）」のアのように，聞き手の立場でも話し手の立場でも同じ視点で判断して対照を成す場合もあれば，同じく「2　相手（対他）」のイのように，聞き手は「相手がどんな意図で話しているか」を判断するのに対して，話し手は「意図が伝わっているか」と聞き手の受け止めを判断するような対照もある。

　対話における「判断」のありようを取り出すにあたっては，「話の内容」に対する判断だけではなく，「らしさ」などの語に表れる「目の前の相手」への受容や相互理解のため視点を取り出したり，「言葉・表現」のように感性的な判断についても取り出すようにし，実際の対話のあり方に近づくようにも試みた。

　こうして整理してみると，「対話力」「対話能力を育てる」ということは，実はこうした五つの契機に沿った判断が，場の目的や状況に沿って，より的確に，そして相互理解を深めつつ行われていけるよう指導していくことなのではないかと気づく。相互理解や合意形成に向けて対話を運ぶ力というのは，こうした判断の力であるのかもしれない。

（宗我部　義則）

2

書くことの判断する視点

1　「書くこと」における「判断」の基盤

　「書くこと」における「判断」の基盤は，端的にいえば，その文章が相手（読み手）にとって，「いかほどの効果のある文章か」ということになる。「効果」とは，説明的・論理的な文章の場合「いかに分かりやすいか」であり，文学的な文章の場合「いかに楽しいか」ということになる。すなわち，それは，書き手の意図が，いかに効果的に，読み手に伝わったかということになる。書き手は，文章作成の途上，常に見通しをもって「文章の効果」を判断の基盤とすることが必要である。

　「文章の効果」という判断の基盤を支える重要な視点は「相手」「目的」「立場」である。「文章構成」も「記述」も「推敲」も，この三つの視点にしたがって行われる。この三つの視点のうち，「相手」「目的」は従来から強調されているが，「立場」については，前者２視点ほど強調されてはいない。児童生徒が成人したとき，彼らは，何らかの「立場」で書くことを迫られる。残念ながら，時には「立場」が，自分の考えや思いを制限する場合もあるが，いずれにしても，「立場」を忘れた文章は，その時点で，読む者に違和感を抱かせることになる。

　その意味で，次頁の「『書くこと』の学習における判断する視点」に示された１は，その後の２〜５を方向づける重要な「判断の視点」になることに留意したい。１の視点は，２〜５において，絶えずふり返るべき視点である。

───「書くこと」の学習における判断する視点 ───

1　題材の設定，情報の収集，内容の検討

ア　題材の吟味―本当に書きたい題材か／書くねうちのある題材か／自分に書ける題材か

イ　目的の確認・効果の検討―何のために書くのか／読んだ人はどう思うか／書くことで，どんな反応が期待できるのか

ウ　相手の分析―相手の知りたいことは何か／相手は，何を求めているのか／相手は，この内容についてどれくらい興味をもち，どこまで知っているのか／相手は，どんな思いや考えをもっているのか

エ　立場の決定―どのような立場で書くのがよいか

オ　情報の取捨選択・吟味―これは，本当か／この情報源は信頼できるのか／これを使ってよいか，取り上げて問題ないか／これを知って，読んだ人はどう思うか／その情報を示すことでどんな効果があるのか

カ　全体を見通しての，これで書けるかどうかの見極め―これで本当に書けるのか

2　構成の検討

ア　順序の検討―どの順番に書けば，よく分かってもらえる作文になるか／どんな順序で書けば，整った文章になり，相手によく伝わるか

イ　段落，型の検討―何段構成にするとよいか／どのような組み立ての文章にするのがよいか
（はじめ・なか・おわり，起承転結，頭括式，尾括式，双括式等）

3　考えの形成，記述

ア　書くべき内容（何を伝えるのか，何を書くのか）の検討・吟味―自分が一番書きたいことは何か

イ　書き方（どう書くのか）の検討・選択―どんなふうに書くとよく伝わるか／どんなくふうが必要か

ウ　題目，書き出し，結びの検討・吟味―題はこれでいいか／題と書き出し，結びは，うまくつながるか

エ　文体（常体・敬体）の選択―文の終わりは，「だ・である」と「です・ます」のどちらがよいか

4　推敲

ア　文字，表記，文法，待遇表現等の確認・吟味―文字は，正しく書けているか／文法や敬語に誤りはないか／主語と述語はうまくつながっているか／あいまいな表現はないか／ひらがな，カタカナ，漢字，ローマ字のどれを使うのが効果的か

イ　語句・語彙の確認・吟味―この言葉でぴったりあてはまるか

ウ　題目，小見出しの確認・吟味―題や小見出しはこれでよいか

エ　構成・叙述の確認・吟味―段落は整っているか／分かりやすい文章になっているか／正確に書けているか／相手に分かってもらえるか／相手を納得させられる文章になっているか／自分らしい文章になっているか

オ　情報・資料の確認・吟味―この例や数字で大丈夫か，取り上げた情報は本当に正しく信頼できるものか／大事なことの書き忘れはないか，余計なことを入れていないか／必要な情報がもれていないか，必要でない情報を入れていないか

カ　意図・主題が伝わるか（表現できているか）についての省察―書きたいことが書けているか

キ　「見通し」と「判断」についてのメタ的な省察―これまでの見通しと判断は正しかったか（判断のヴァージョンアップ）

5　共有

（題材に対する自他の認識の相違，自分の文章の構成，表現，使用語彙と他者の文章の構成，表現，使用語彙との相違，自己の思考・判断・表現の傾向・特性，自己の長所と短所，今回の学習の達成度，これからの課題等を，他者の作文と対比しながらメタ的に見渡す）

〔1～4の学習状況をふまえ，共有すべき事柄を選び，学習過程の適切な場面で適宜共有し，見渡して判断〕

―自分のものの見方・考え方・感じ方は，友達とどこが同じで，どこが違うか／自分の文章の長所，短所，特色はどのような点にあるか／よくできたこととこれから改善していきたいことは，それぞれどのようなことか

2 「構成の検討」に関する視点について

　「構成の検討」は，通常「ことがら（内容）の順序性」が問題となる。具体的には，「段落の順序性」を検討することになるが，その前提として，学習者には，「段落」の設定が大きな課題となる。すなわち，「内容のまとまり」の仕分けがうまく機能しないと，本来は段落を別にすべきところを一つの段落に盛り込みすぎたり，逆に，一つの段落にまとめればいいところを細かく分けすぎたりしてしまうことになる。

　これは，書き手の「叙述内容に対する解釈」の問題であって，「構成の検討」が，形式的な順序性の問題ではないことを示すものである。それをサポートするのが，さまざまな「文章の型」であり，「叙述内容に対する解釈」と「文章の型」の往還が「構成の検討」には必要である。

　また，段落設定の後，各段落の「詳しさの程度」についても考慮すべき点も多い。読み手への効果を考えるとき，「詳しく書くところとそうでないところ」の見通しは，記述前に学習者にもたせる必要がある。これがうまく機能しないと，文章の趣旨とは異なる文章構成になってしまうおそれがある。

3 「考えの形成，記述」に関する視点について

　「考えの形成，記述」は，表中のア「書くべき内容」とイ「書き方」が補完し合う関係でありたい。この段階に至れば，「書くべき内容」もある程度固まり，記述に向かうわけであるが，再度「書くべき内容」はこれでよかったのかをふり返らせたい。それは「自分の書きたいこと」の確認と同時に「読み手の知りたいこと」の検討をすることである。記述中に，内容が変化したり新たな考えが生じたりすることもある。大幅な修正はこの段階ではしにくいが，それでも，粘り強く内容の吟味はさせたい。

　また，記述における表現の選択（語句や文体など）は，まずこの段階で吟

味させたい。後の「推敲」でも，再度吟味することにはなるが，内容の効果的な伝達という観点から，表現の選択に関して見通しをもたせたい。

4 「推敲」に関する視点について

　まず，「推敲」することの重要性を十分分からせたい。というのも，ＳＮＳ等の普及により，書いたら（打ったら）推敲せずに提出（送信）する傾向が，最近特に強いように感じるからである。

　さて，「推敲」の段階では，表中の視点に示すように，それまでのプロセスにおける多様な観点から見返す必要が生じる。とりわけ，その文章が相手（読み手）にとって，「いかほどの効果のある文章か」という視点からさまざまな判断を行ってきたわけであるが，その判断の妥当性について，冷静に省察することが必要であろう。単に，文字や記号の訂正だけではないところに，「推敲」の大きな意義がある。

5 「共有」に関する視点について

　この段階は，今まで「お互いの作文を読み合う」程度で済まされていた。「内容」と「表現」の両方から，他者の作文と比較・検討を行い，よさや課題を見つけることは，次回の「書くこと」の学習に生かさなければならない。そのためには，何よりも授業時間内に「共有」の場面を確保し，吟味することが重要である。

　この「共有」の段階が有効に機能するためには，題材や構成，記述等のどの部分を重点的に比較させるかということが，育成したい資質・能力との関係において明確でなくてはならないし，その重点的な部分は，学習者が努力した部分（育成すべき資質・能力として設定した部分）でなくてはならない。

（米田　猛）

3

読むことの判断する視点

1 　「読むこと」の授業がめざすもの—「自立した読者」を育てる

　日々の授業で判断する機会は多数あるが，自分が何をどのように判断する
のか，その特徴や傾向を自覚し自己調整して判断する人はどれ程だろうか。
読むことの学習で，学習者は自己の読み方を自覚し，その長所や弱点を考慮
したうえで読んでいるだろうか。第1章3節の「国語科の学習内容に深く関
わる主な『判断』」に見るとおり，判断には情意面の感覚・感情なども関わり，
論理整合的な思考の結果とはいえないこともある。教師として何を大事にし，
どんな配慮やくふうが必要か。複雑でデリケートな問題をはらんでいる。
　授業で「テクストを読む」ときの読者の立ち位置は，配慮事項といえる。
「自立した読者」であればテクストとの距離をバランスよく保つことができ
るが，依存的な読者の場合，作者の書きぶりや登場人物の感情などに飲み込ま
れ，冷静で適切な判断が下せなくなる可能性がある。逆に自己顕示に偏れ
ば「私はこう思う」の主張にとらわれ，独りよがりの意見や感想を主張する
かもしれない。自分の経験や意見，感情は大切だが，書かれた文章と虚心坦
懐に向き合い，言葉の意味を吟味し深く考えて，客観的な状況や解釈の可能
性を探る行為を通して，テクストを適切に判断する読者を育てたいと考える。

2 　「読むこと」の学習における判断する視点

　次頁に判断の視点の一覧表を提示した。これを完成する過程では，文学教
材と説明・論説教材の分類や，学習形態への配慮なども検討し，4年間をか

けて多くの視点から検討を進めた結果シンプルな形となった。

────「読むこと」の学習における判断する視点 ────

1 構造と内容の把握
　ア　興味や共感，疑問をもったこと，心に残ったことは何か。
　イ　内容の大体（要旨・あらすじ・出来事）はどうなっているか。
　ウ　時間や事柄の順，段落どうしの関係やつながりはどうなっているか。
　エ　事実と意見の関係，部分と全体，中心部分と付加的な部分の関係はどうなっているか。
　オ　場面の様子はどうなっているか。登場人物は何をして・どう思ったか。
　カ　登場人物の設定や役割，関係性はどのようになっているか。

2 精査・解釈
　ア　分かりにくいところ，確かめたいところ，気になる表現は何か。
　イ　どの語句が重要か。どの語句にこだわりたいか。
　ウ　構成や展開はどうか。（尾括・頭括・双括・問いと答え・仮説検証など／事件・山場・回想・
　　　額縁・視点など）
　エ　表現の特色は何か。どんな効果があるか。（筆者独特の表現，接続語・副詞・文末表現や対比・
　　　比喩・擬人法・色・倒置・反復など）
　オ　話の中心は何か。
　カ　文章と図表を結びつけて考えるとどうなるか。
　キ　大事な場面はどこか。登場人物の心情はどう変化したか。
　ク　語り手は誰か。どう語っているか。
　ケ　筆者の他の文章や同じ分野の情報，作者や作者の他の作品・時代思潮などとつなげて考えると
　　　どうなるか。

3 考えの形成
　ア　筆者の他の文章や同じ分野の情報，作者や作者の他の作品・時代思潮などとつなげて考えると
　　　どうなるか。
　イ　自分の経験や知識と結びつけると，どう読めるか。
　ウ　筆者の主張・登場人物・語り手・作者のものの見方・考え方・感じ方を自分はどうとらえるか。
　　　（巧みさ・価値・好嫌・適否・真偽・是非・美醜等）
　エ　自分の考えに深まりや変化はあるか・自分にとっての意味は何か。

4 共有
　ア　自分の感じたことや考えたことをどんな言葉で表すか・他者に伝わるか。
　イ　他者の意見から考え方・感じ方が広がり，自分の考えや意見が深まったか。

　まず四つの大項目「1　構造と内容の把握」「2　精査・解釈」「3　考え
の形成」「4　共有」を示し，学習の拡充深化を視野に入れて具体的な小項
目を設定した。1は基本的な学習事項に関わる判断を主体とし，2と3は主
として読みの拡充深化をめざす判断である。4は学習集団と個の関係をふま
えた判断である。

判断の研究では，授業で判断する場面を設定し，判断とその根拠を言語化して交流する機会を設ける必要がある。具体的には次の作業を含む。

　①学習者の判断する機会と，それを表現する機会を設定する。

　②判断した理由を言語化する機会を設定する。

　③①と②を適当なタイミングで発表・記録する機会を設定する。

　①では授業計画に判断する場面を設定する。多様な意見が出たときは意見交換で異同を整理し二択か三択，多くとも五択以内位に絞る。②判断に続き判断した理由を考えて示す。①や②と③の間で判断を変える者もあるが，そのときは変更理由を記録・説明する方法も考える。1コマの授業で何度も判断する機会は設定できるが，その順序性や重みつけには配慮を要する。そうした記録の積み重ねで学習者の読みの変容や，読み方の特徴やつまずきなどに気づくことができるし，学習者自身のリフレクションによる自己理解も可能になる。①〜③の過程で，学習者の実態に即して大項目1の小項目から必須項目を選び手堅く指導することは大事にしたい。そのうえで読みを広げたり深めたりするために，2や3の小項目を利用する。4は個と集団，対人関係を生かす授業展開上の配慮点となる。

　新美南吉「ごんぎつね」の授業で，二つの意見対立で開始し，意見交換しつつ読みを深め・広げ，両者が納得して終えた判断事例を示す。初発感想で，「ごんは死んでいない」と「死んだ」に意見が分かれ，終末段階で学習することにした。全13時間中9時間目の事例である。開始当初，多数が「死」を選ぶが，数名が「かわいそうで死なせられない」と「生」を選ぶ。その判断の根拠となるテクストを取り上げて，日直の司会で対話を進めた。教師は以下のやりとりを受け，意見の根拠となるテクストを全員で読み確認する作業を提案し，賛同を得て，記録係に徹した。

　C1「僕は，ごんは死んだと思う。そのわけは，『ごんは，ぐったりと目をつぶったまま，うなずきました』の『ぐったり』で分かるからです。そこで最後の力をふりしぼっている感じがする」や，C7「僕も死んだと思う。そのわけは，さっきのC1君の所と，その後の『兵十は火縄じゅうをばたりと

取り落としました』の所で分かる。持っていたのが，自分でも思わず手を放してしまった」などである（Cの後の数字は記録の発話順番号）。

　対して，C9「教科書に『死んだ』って書いてないのだから，死んだと思わなくてもいい。そう思いたくない。かわいそう」が出る。これを受けた他の一人が，「ごんの魂が煙に導かれて天に昇って行く」という趣旨の意見をたどたどしく語った。それを受けた他の者が言葉を足し考えを進め，煙が立ち昇る前までごんは生きていて，煙と共に天に昇ったと読む。ごんの死の受容過程を示す判断事例報告である。以下，発話例を示して，他者の判断を受けてテクストを読み直し，判断を更新して読みを深め・広げる過程の一部を示す。

　C17「僕は死んだ方に変わったんだけど，新美南吉さんは，最後にわざと分からなくしているのだと思う」／C24「『死んだ』と書きたくないのだと思う」／C25「『書きたくない』というより，皆にそれを，想像してもらいたかったんじゃないかな」／C26「死んだと書くとそれで終わりだけど，『青いけむり……』と書くと，じわぁっと死んだんだってことが分かってくる。悲しい気持ちは，その方が詩の（たとえの勉強の）ときみたいに，じわぁっと分かってきて，読む人にそういう気持ちになってもらえる。『死んだ』と書かずに兵十の気持ちを分かってもらうようにした」／C20「死んだと思うけれど，皆の意見を聞いて変わったところがある。ごんが死んでしまったのが分かるのは，最後の『青いけむりが……』のところ。その前までは死んでなくて，ごんの魂は煙になって天に上る」

　作者の意図へ視点を転換したり，テクストを吟味したりして読みの精度を上げる意見が続いた。読みを広げる意見も出た。C29「煙が出ている間，ずっと兵十は悲しんで立っていた」／C30「それだけ長い時間たっていたってことだよ」／C33「最後をはっきり言わないで，自分なりに想像してほしいのだと思う」

　死を受け入れたC34「兵十が本当にひとりぼっちになってしまって，寂しい」の発言（異なる判断の受容）が授業の締めくくりとなった。（澤本　和子）

第3章

「判断する力」を育てる
国語科の授業プラン

1 単元名：社会的な課題について改善策を話し合う（中学2年）
教材名：「シカとの共存のあり方を考える」（自主教材）

「判断する力」を活用して課題解決をする

1　単元設定の理由

　討論では問題の是非を問い，さまざまな解決策を提案する中で「判断する力」が求められる。

　本実践ではグループ討論を組織した。小グループならば対話の相手との距離が近く，意見を出しやすい。そうすることで，個々の発言に対する聴き手の「気づき」が「思考」を生み出し，新たな「問い」となって次の発言につながり，課題解決型の討論活動が活発化する。この「気づき」の場面において，相手の考えと自分の考えとの相違を自覚し，「主体的に判断」する行為が求められ，「判断する力」が育つことになる。このような点をふまえ，本単元を設定した。

2　単元の目標

(知・技)　(2)イ　情報の信頼性の確かめ方を理解し使うことができる。

(思・判・表)　A (1)ア　社会生活の中での課題解決に向けて話し合い，物事を多面的にとらえ，新たな考えをもつことができる。

(主体的)　根拠をもって主体的に判断し，討論を行おうとする。

3 単元計画（全8時間）

次	主な学習活動	手立て○・評価◆
1	①学習のねらいとグループ討論の方法を理解する。	◆形態と方法を理解しているか。
2	②課題解決1「学校生活の問題点・改善点を話し合う」 【議題】「読書タイムのあり方を考える」	○学校生活の中での課題を考えさせる。 ◆主体的に参加しているか。
3	③④課題解決2「環境問題・持続可能な保存と開発について調べる」 ・各自で図書とタブレット端末から情報を収集し，真偽を考える。 ・グループで図書とタブレット端末等から情報を収集し，吟味する。 ⑤⑥「環境問題・持続可能な保存と開発について話し合う」 【議題】「シカの害をどう防ぐか・シカとの共存のあり方を考える」 《交流1グループ内交流》グループ討論 ・話し合いを記録し，改善する。 ・改善を受けて話し合いをする。	○奈良県内の環境問題について考えさせる。 ◆環境問題について，信頼できる情報を収集し，情報を吟味しているか。 ○話し合いをタブレット端末で記録させ，点検させる。 ◆意見，司会の仕方について判断の場面に焦点をあて，タブレット端末を活用して点検し，改善をしているか。
4	⑦《交流2グループ外交流》各グループからの報告 意見を報告し，考えを広げる。	○録画で意見を共有させる。 ◆持続可能で多面的な意見か。
5	⑧学び，気づきを各自で整理し，学習をふり返る。	◆主体的に判断する力がついたか。

4 指導の実際

(1) 第1段階の討論「読書タイムのあり方を考える」（第2時）

　学習者に学校生活の中で課題となっていること，改善方法を話し合う必要があることを議題に挙げさせた。出された議題は「読書タイムのあり方」「清掃の当番制実施に向けて」「掲示板の効果的な活用」「登下校時の通学路のマナー」などである。その中で，読書タイムは始業前に行うべきか，放課後行うべきか，また，他にどのような方法があるかを話し合わせた。

《第2時におけるG班の討論の様子》（部分）

B1	：朝読は無理。部活の朝練ができないのは困る。（体を乗り出して強く言う）
D1	：公立中学校の友達に聞いたら，朝の読書をしているそうだよ。無理じゃないよ。
B2	：そうかなあ。（まだ，乗り気ではなさそうに言う）
E	：それだったら，放課後にしたらいいと思う。
B3	：えー。放課後はもっと困る。部活動に食い込むのはいやだ。（首を強く振る）
A	：毎日では部活の時間が短くなる。やっぱり，読書タイムは無理！
司会	：ちょっと待ってください。<u>この話し合いは，するかしないかという話し合いではなく，どのようにしたら読書タイムができるかという話し合いです。方法を考えてください。</u>→【話し合いの軌道修正をする司会者の主体的な判断】
D2	：それだったら，毎朝しないで，週1回，5時間授業の放課後にしてはどう？
F	：読書に集中するには，5分間の読書タイムは短いね。（Dを応援する口調）
B4	：えー，5分間でいいよ。（乗り気でない様子）

指導のポイント

　第1段階の活動では，討論をする過程で議題として抵抗感がない「学校生活についての身近な話題」を設定する指導を行い，「練習学習」と位置づけた。身近な学校生活の中での課題と改善方法を話し合わせること，練習学習を行わせることにより，学習者は討論に対する抵抗感をもたずに話し合えた。

(2)　第2段階の討論「シカの害をどう防ぐか・シカとの共存のあり方を考える」（第5・6時）

　社会生活に目を向け，身近な，奈良県内の取り組みやすい環境問題について考えさせた。学習者は「シカとの共存のあり方」を議題として挙げた。

《第6時におけるG班の討論の様子》（部分）

B3	：あっ，そうそう。川畑先生（指導者）が，畑の野菜をシカが食べるので困っている。
C1	：柵やフェンスをしたらいいのに。
B4	：シカは柵をしても飛び越えるそうだよ。それに，畑が広いので，周りを囲むととても値段高くなるって。【Cの発言からの判断】→【主体的な判断】
C2	：シカを保健所の人に頼んで駆除してもらったら？
司会	：ちょっと待ってください。話し合いの議題は，「シカとの共存」です。シカを駆除とするというのは，シカを殺すことになるので，共存ではないです。→【話し合いの軌道修正をする司会者の主体的な判断】
F	：先生が住んでおられるところは，鳥獣保護区や禁猟区だそうだよ。【根拠】
B5	：それなら，いい方法を考えよう。（顔をあげてみんなを見渡して言う）
D2	：私が図書館の本で調べたのは，シカの嫌がる匂いのハーブや花があるので，それを植えればいいと思うよ。【判断の根拠の確かさ】→【主体的な判断】
B6	：どんな花？（興味をもって体を乗り出して聞く）
D3	：マリーゴールドや椿はシカが嫌がると図書館の本で調べたので，植えたらいいね。【判断の根拠の確かさ】→【主体的な判断】
A3	：キョウチクトウやアシビも毒があるのでシカが食べないと理科の先生に聞いたし，本にも書いてあったよ。【判断の根拠の確かさ】→【主体的な判断】奈良公園にアシビがたくさんあるのは，シカがアシビは毒だと分かっているので食べないからだよ。【学習者の新たな気づき】
B7	：畑の周囲に植えるといいね。→【DとAの発言を受けた主体的な判断】
C3	：シカは来ないし，景色もきれいだし，一石二鳥だ！【学習者の新たな気づき】
B8	：先生に教えてあげよう。先生喜ぶよ！（大きな声で嬉しそうに言う）

第2段階の学習において，社会的な課題である「持続可能な保存と開発，身近な環境問題」について，学習者に最も身近な環境問題を考えるように指導した。そこで，学習者は「シカの害をどう防ぐか・シカとの共存のあり方を考える」という議題について話し合うことを決めた。この議題は，奈良公園のシカが増えすぎて周囲の畑の農作物を食べ荒らしているという話を聞いたり，樹木の皮を食べて森林破壊を起こしているというニュースをテレビで見たりした学習者の身近な環境問題だからである。

　第3時は個人で，第4時ではグループで情報収集をさせることとした。情報収集をする際は情報の信頼性を確かめることを伝えた。信頼できる情報源である図書，公共機関が発行している広報誌などから情報を得ること，実際にシカの害に遭っている状況についての聞き取りを行い，事実確認をすることを指導した。公共機関のホームページを調べさせる活動についてはタブレット端末を活用するとともに，図書とタブレット端末から得た情報について，情報の発信源と収集した同一題材の情報を比較させ，そこから読み取った真偽を確かめ吟味して，判断の根拠を示す指導を行った。こうした事前調査方法を学習活動に取り入れることによって，根拠をもって判断し，主体的に判断する力を学習者は習得した。

指導のポイント

　タブレット端末の活用として，情報を収集する手段に終わることなく，各グループの話し合いを記録させ，その録画から学習者に議論の技能習得，根拠をもった意見の出し方，異なる意見や考えを想定した対話の重ね方，**主体的な判断**の場面の点検，多様な考え方を学ぶ姿勢などを養う時間を設定した。

(3)　学習者Bの変容と司会者の主体的な判断場面（第6時）

　G班の対話のプロトコルに焦点をあて，**判断の根拠**となる学習者の発言，**学習者Bの主体的な判断**と**変容**，**司会者の主体的な判断**について分析し，指導の手立てを示す。

《学習者Bの主体的な判断と変容》

　第2時と第6時から見て取れる**学習者Bの発言**に焦点をあてる（第6時のBの発言について，最初2回は紙幅の関係で割愛した）。第2時では学習者Bは部活ができない理由として読書タイムの実施に反対し，よりよい改善案を積極的に考えようとしていない。そこで，指導者はBをはじめとする学習者が，どのような議題を設定すれば話し合いに主体的に臨むかを考えた。そして，取り組みが可能であり情報が得やすい身近な環境問題について話し合うように働きかけた。そうした指導者の投げかけにより，Bの取り組みの姿勢に変化が見られた。

　第6時において，B3では，指導者がどのようなシカの被害に遭っているかを受け止めている。B4ではC1を受け，対策の困難さについて**具体的な内容に入り込み**，Bが**主体的な判断**をする場面が見られた。そして，同じグループのFの発言に触発され，B5では，どのようなシカとの共存方法があるか考えようと，グループのメンバーに**積極的に働きかけている**。B6ではD2の発言をとらえ，**さらに深く内容を追究**しようとしている。

　B3は指導者が話した実際の被害の事実を思い出し，自分の被害に重ねて共感しており，Bが当事者意識をもって討論に積極的に加わる根拠となる。

　また，C1「柵やフェンスをしたらいいのに」という発言は，B4の発言のきっかけとなり，**話題である「シカとの共存のあり方」からそれたCの発言が話題に沿っていないという判断を，主体性をもって下している**。BはFの「先生が住んでおられるところは，鳥獣保護区や禁漁区だそうだよ」という発言を受け，B5とB6の発言から，**実現可能なシカとの共存の具体的な方法を考え出そうと，主体性をもって積極的にグループのメンバーに働きかけている**ことが見て取れる。それを受け，D2とD3は自分から調べたことを紹介している。Dは平常の授業においては発言が少なく，自分の学習の力に自信をもてない学習者である。しかし，話題への興味から事前にシカが嫌う植物を詳しく調べていた。DとAが取り組んだ事前調査は**判断の根拠を確かにすること**となり，それが**Dの発言を受けたBの主体的な判断へとつ**

ながったのではあるまいか。さらに，Ｄ３とＡ３の発言からは資料に基づく根拠の確かさによって**主体的な判断**をする姿が見られた。そして，Ａの新たな気づきも生まれた。Ｂ７の発言はＤとＡの発言を受けたＢの**新たな気づき**であり，**主体的な判断**の姿勢がＢに生まれたと考えられる。

　　指導のポイント

　学習者に対して，根拠をもった調査，実際の聞き取りや経験に基づいた発言をすることを指導した。また，話し合いの場面をタブレット端末で記録し，判断の場面に焦点をあて各自の意見を点検し，改善に生かす場面を設けた。

《司会者の主体的な判断》

　次に，グループ討論における**司会者の判断力**に着目する。司会者が話題についてグループ内の発言を課題解決に導く場面を挙げる。

　第２時では，「読書タイムのあり方」についての話し合いであるにもかかわらず，**Ｂ３やＡの発言**は，読書タイムを設けるか設けないかという意見となっている。この場合，司会者は「どのようにしたら読書タイムができるかという話し合い」であるという目的を伝え，**主体的な判断**をして話し合いの軌道修正を行っている。第６時では，C2のシカを駆除してもらったらどうかという意見について，**話題からそれていった発言を軌道修正する時点**で，**司会者の判断力**を見取ることができる。このように，話し合いの軌道修正をする**司会者の主体的な判断力**が必要となり，話し合いのスムーズな運営のため，**判断の速さ**が司会者には求められる。

　　指導のポイント

　司会の仕方については，事前学習として，公共のメディアからの討論場面を録画し，司会の運営について学ぶ時間を設けた。

　また，各グループで行われた話し合いの録画を用いて，司会者同士で司会の仕方や話題がそれた場合の軌道修正などの仕方を点検し，話し合いの改善に生かす機会を設けた。

5 評価の実際

　主体的な判断の力を育てる授業としてグループ討論を設定したことは，有効な学習活動となった。第8時におけるふり返りの場面で自己評価を実施したところ，根拠に基づいて考えることが主体的な判断につながることに気づいた学習者が多く見られた。その場合，誰の，どのような意見によって自分のどのような新しい気づきが生まれたのかを，自ら具体的に確認できることを評価の観点とした。また，他者の意見をそのまま受け入れるのではなく，課題解決の場面においてさまざまな解決策を話し合い，実現可能な提案をする姿勢を培った生徒を評価した。

　タブレット端末を用いた話し合いの改善，司会の改善については，実際の映像を確認しながら，具体的にどの場面を改善するべきか判断の場面に焦点をあて，点検し，改善に生かしていることを評価した。

（川畑　惠子）

実践へのコメント

　この実践では，対話学習における主体的な判断について次のようなことが明らかになった。一つめは，主体的な判断には，学習者の判断力と司会者の判断力があり，これらが積極的な対話を生み，内容の高まりをもたらすことである。二つめは，話題に対する学習者の興味・関心の高さや，事前調査による根拠に基づくことが，主体的な判断につながることである。さらに，タブレット端末を利用することで，学習者が，自身の対話の様子を客観的に分析し，話し合いの改善に用いることができる。このような学習過程を取り入れくふうすることが，学習者の主体的な判断につながっていると考えられる。

（岡島　眞寿美）

ICT を活用して判断の主体性を育てる

1 単元設定の理由

　判断する力を育成するためには，学習者自身が主体的に判断を行うことが不可欠である。しかし，学習者は判断に至る過程についてあまり意識していないと考えられる。判断の過程を意識させることは，より深い判断力を育むために重要であり，適切な問い返しが必要である。従来，「話すこと・聞くこと」の学習は，話し言葉がその場で消失するため，思考過程の記録や確認が難しいという課題があった。この課題を解決するために，本単元ではプレゼンテーションソフトを活用し，学習者が思考や判断の過程を記録しながら，よりよいスライドを作成するようにした。スライドを通じて学習者の判断過程をポートフォリオとして活用できるようにすることで，学習者と指導者がその変遷を視覚的に確認し，判断する力の深まりを促すことをめざす。

2 単元の目標

（知・技）　(3)オ　読書が，知識や情報を得たり，自分の考えを広げたりすることに役立つことを理解できる。

（思・判・表）　A(1)ウ　相手の反応をふまえながら，自分の考えが分かりやすく伝わるように表現をくふうすることができる。

（主体的）　言葉がもつ価値に気づくとともに，進んで読書をしようとする。

3 単元計画（全6時間）

次	主な学習活動	手立て○・評価◆
1	①1人1台端末に配付したワークシートに，本の紹介内容を書き込む。 ②前時のワークシートをもとに，読書紹介プレゼン用のスライドを作成する。（1回目） ③スライドを見直し，表現や構成を推敲・修正する。（2回目）	○紹介する本の魅力を整理し，相手に伝わりやすいスライド作成を指導する。 ◆読書が，知識や情報を得たり，自分の考えを広げたりすることに役立つことを理解しているか。 ◆読んでおもしろいと思った本を聞き手に伝えようとする積極的な姿勢やくふうが見られるか。
2	④4班に編成し，生徒一人一人に発表の機会を確保しながら，1回目の学級予選を行う。 ⑤班編成を変え，2回目，3回目の学級予選を行い，学年代表者を2名選出する。	○学級予選を3回行う中で，自己評価を通して，自らの課題を見つけ，次回に向けて調整を図ることを伝える。 ◆相手の反応をふまえながら，自分の考えを分かりやすく伝えるための表現や説明のくふうをしているか。
3	⑥全校読書プレゼン大会を開催し，最優秀者とチャンピオン本を決定する。	○最も魅力的に本を紹介した代表者を選ぶことを参加者に伝える。 ◆言葉や表現をくふうし，説得力をもって相手に本の魅力を伝える話し方をしているか。

4 指導の実際

(1) 伝えたいことを明確にして本の魅力をまとめる（第2・3時）

① スライドを作成し，本の内容を整理・要約する

　前時は，読書紹介プレゼンに向けて1人1台端末のワークシートに本の紹介内容を書く学習活動を行った。スライド作成にあたっては，前時のワークシートをもとにプレゼンテーションソフトを活用するようにした。プレゼンテーションソフトの長所は，(1)内容の明確化，(2)視覚的印象の強化，(3)変容の可視化ができることである。この長所を活用し，本の魅力を整理させた。授業の各段階で作成されたスライドにより思考や判断の過程を可視化するとともに，それらを比較することで学習者の思考や判断の深まりを見取ることができる。

　ここでは，学習者Aの思考・判断の過程を記述することとする。

今，みなさんは 大切な人がいますか？	簡単なあらすじ ・13年前，ある事件をきっかけに恋人の流花を失った主人公千尋。あれから13年後，千尋はあるサイトをきっかけに生き写しの瑠花と出会う。そしてもう一人，瑠花と同じバイトに通う武命という人物。瑠花と武命にはそれぞれの秘密を抱えていた。二人が抱えている秘密は一体何なのか。そして，千尋は中学時代の十字架を乗りこえて二人を救うことが出来るのか。	伝えたいこと ・人に頼ること，相談することの大切さ ・大切な人ということ
1回目スライド1枚目	1回目スライド3枚目	1回目スライド5枚目

指導のポイント

　内容を大きく変更する場合は，必ずファイル名を変えて保存するよう指示し，どのように変化したか，その判断と思考の過程を記録させた。

　また，読書が，知識や情報を得たり，自分の考えを広げたりすることに役立つことを伝えられているかを確認させる。

② スライドを見直し，言葉選びや表現のくふうが目的に合っているか吟味する

　表現や構成を推敲・修正する言葉選び，順序，インパクト，発表時の声の

調子や効果をイメージさせた。学習者は，自己の判断について次のように説明している。

> Ｔ：１回目と２回目でスライド１枚目の文字の大きさが異なりますが，どうしてですか？
>
> Ｃ：読みやすくするため，強調したい部分を大きくしました。
>
> Ｔ：１回目と２回目ともに１枚目のスライドは，「今，みなさんは大切な人がいますか？」と問いかけから始めていますが，どうしてですか？
>
> Ｃ：問いかけから始めた方が，相手を話に引き込みやすくなると思ったからです。
>
> Ｔ：相手にどう伝わるかを考えて，判断したのですね。では，１回目のスライド３枚目のあらすじを２回目のスライドでは文字の分量を少なくしていますね。どうしてですか？
>
> Ｃ：要点が分かるよう，キーワードだけに絞りました。
>
> Ｔ：情報を簡潔に伝えるくふうをしたのですね。次に，スライド１回目の５枚目は，「大切な人ということ」と「こと」を使っていますが，スライド２回目の５枚目は，「大切な人という存在」と「存在」に表現を変えています。どうしてですか？
>
> Ｃ：話す内容を考えたときに，「この本は大切な人という存在が自分の中でどれだけ偉大な存在かを教えてくれます」というところを伝えたかったので，「存在」に直しました。

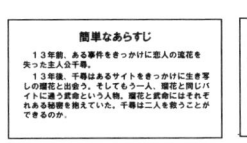

| ２回目スライド１枚目 | ２回目スライド３枚目 | ２回目スライド５枚目 | ２回目スライド６枚目 |

　問いかけから始めることで，聞き手の興味関心を引きつけようとする学習者のくふうがうかがえる。また，文字サイズとフォントの変更により，聞き手に内容をより分かりやすく伝えるくふうも見られる。これにより，内容を視覚的に支援し，聞き手に理解してもらうための思考と判断が働いていることが分かる。さらに，１回目のスライドにはなかった６枚目を追加したのは，聞き手に対する感謝の気持ちを伝えようとする判断が働いたものであると考えられる。

　学習者Ａは，２回目のスライドを完成させた後，自らの主体的な判断によ

り，発表原稿を自主的に見直し，１枚目と５枚目の推敲・修正を行った。

Ｔ：発表原稿の１枚目と５枚目の説明内容を修正したのはどうしてですか？

Ｃ：３分間で話すことができる内容とキーワードを残すようにしたからです。

Ｔ：自分の伝えたい内容だけを残すようなくふうをしたのですね。

Ｃ：はい，そうです。

　紹介する本を読み込み，テーマについて考察し，判断したことを自分の言葉で表現しようとしたことが分かる。

はじめに，今，皆さんは大切な人がいますか。家族，友人，恋人，先生など，答えは人それぞれだと思います。

では，皆さんの思う大切な人はどうして大切なのですか。立派に育ててきてくれた，溢れるほどの愛をくれた，大切なことを教えてくれた，自分の世界を変えてくれたなど，理由も人それぞれです。

大切な人がまだ見つかっていない人もいるでしょう。でもきっと，これからのたくさんの出会いで見つかるかもしれませんし，今関わっている人がある出来事をきっかけに大切な人に変わるかもしれません。

では私から，大切な人がいる人もいない人にも是非読んでほしい本があります。私が紹介する本は「あの夏が飽和する」という本です。作者はカンザキイオリさんです。

１枚目修正前

はじめに，今，皆さんは大切な人がいますか。皆さんの思う大切な人はどうして大切なのですか。立派に育ててきてくれた，溢れるほどの愛をくれた，大切なことを教えてくれた，自分の世界を変えてくれたなど，理由は人それぞれだと思います。

大切な人がまだ見つかっていない人もいるでしょう。でもきっと，これからのたくさんの出会いで見つかるかもしれませんし，今関わっている人がある出来事をきっかけに大切な人に変わるかもしれません。

１枚目修正後

最後に私がこの本を通して伝えたいことは，二つあります。

一つ目は人に頼ること，相談することの大切さです。

皆さんは家族や友人，先生に悩みを打ち明けることはありますか。私はだいたいいつも人が打ち明けていないのかなと思っています。相手の負担になりたくない，自分の悩みを打ち明けるのが怖いなど様々な理由があると思います。この本は主人公たちの悩みをメインに人に頼ること，相談することの大切さを教えてくれます。

二つ目は大切な人という存在についてです。

最初にも質問しましたが，皆さんの大切な人はどうして大切なのか，理由は様々だと思います。ではもし，皆さんの思う大切な人と出会えていなかったら自分の人生はどうなっていたと思いますか。

この本は大切な人という存在が自分の中でどれだけ偉大な存在かを教えて

５枚目修正前

最後に私がこの本を通して伝えたいことは，二つあります。

一つ目は人に頼ること，相談することの大切さです。

この本に主人公たちの悩みをメインに人に頼ること，相談することの大切さを教えてくれます。

二つ目は大切な人という存在についてです。

もし，皆さんの思う大切な人と出会えていなかったら自分の人生はどうなっていますか。この本は大切な人という存在が自分の中でどれだけ偉大な存在かを教えてくれます。

５枚目修正後

指導のポイント

　次時の学習活動への見通しをもたせ，次の点を指導した。

・学級予選は１人３分間で行うため，話の内容を精選すること。

・内容や意図が伝わっているかを判断しながら，伝えたい内容を分かりやすく示すこと。

・全校大会では，他の学年の生徒も参加するため，話の筋立てを追加するなど，聞き手が聞きたい内容が伝わっているかを意識すること。

(2)　**内容が伝わっているかを判断しながら伝える（第４・５時）**

①　**学級予選の第１回目を行う**

　学習者Ａは１回目，落ち着いた様子でゆっくり話し始めたが，時間配分が

不十分で，情報が整理されていなかったため，３枚目のスライド「簡単なあらすじ」から話す速度を速めていった。

　結局，１回目は５枚目のスライド「伝えたいこと」の途中で時間切れとなり，最後まで発表することができなかった。

学級予選の様子

　そこで，次回の学級予選に向けて，伝えたいことの中心を明確にし，話す内容を簡潔にまとめること，必要があればスライドの内容を変えたり，順序を入れ換えたりするとよいことを指導した。

指導のポイント

　学級予選では，四つの班に分け，メンバーを入れ替えながら３回の読書紹介プレゼンを実施することにした。異なる相手と交流できるように班編成をくふうすることにより，内容や意図が伝わっているかをふり返り，次回に向けて修正を加えることができるようにした。

　また，多様な意見や視点に触れることで，表現の仕方の幅が広がるとともに，より多くの本に親しむことができるようにした。

１回目の班編成

A	B		E	F
C	D		G	H

……

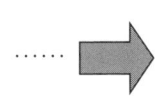

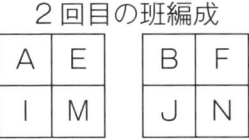

２回目の班編成

A	E		B	F
I	M		J	N

……

　聞き手に対しては，話し手はどんな見方・考え方で話しているか，相手のよさや相手らしさはどこにあるかを判断しながら聞き，自らの発表と比べることや発表内容で分からなかった点の追加説明を質問することを指導した。

②　聞き手は聞きたいことが聞けているかを考えて伝える

　学習者Aは，2回目の学級予選が終わった後，1回目，2回目にはなかった本の画像，題名，著者のスライドを2枚目に追加した。

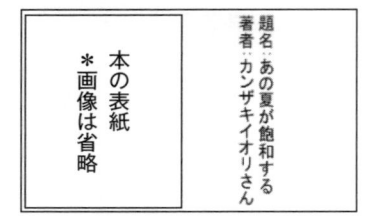

題名：あの夏が飽和する
著者：カンザキイオリさん

本の表紙
＊画像は省略

追加したスライド

> Ｔ：今までなかった本の画像や題名，著者を書いたスライドを入れたのはどうしてですか？
>
> Ｃ：話をしただけでは，本の題名や著者を聞き逃したり，分からなくなったりするのではないかと思い，このスライドを作りました。
>
> Ｔ：聞き手が知りたい情報を伝えるくふうをしたのですね。

　学習者Aは，スライドで表紙（画像）を紹介し，文字を大きなサイズで見やすく表現することで，視覚に訴え，聞き手の理解を容易にできると考えた。また，1回目に，時間配分が不十分で，最後まで本の紹介ができなかった反省点をふまえ，2回目は，時間配分を考慮し，話すスピードを調整しながら本の紹介を行った。さらに，3回目は，それまでの経験をふまえ，内容の整理，表現のくふうを行い，時間を有効に使って内容を伝えることができた。

　このことから，聞き手が知りたいことは何かを判断して伝えるためのくふうが見られた。

指導のポイント

　自分が伝えたいことを一方的に伝えるのではなく，相手の反応をふまえながら，自分の考えを分かりやすく伝えるために表現や説明をくふうするよう指導した。また，前時の学級予選での課題を意識して，本を魅力的に伝えることや，聞き取りやすく，伝わりやすい話し方（声の強弱，間の取り方，話す速度など）を意識することも指示した。

　聞き手に対しては，話し手は伝えたいことを話せているかを判断しながら聞き，話し手の意図を引き出せるように質問することを指導した。

5 評価の実際

　プレゼンテーションソフトを使った読書紹介プレゼンでは，文字やスライドの変更が容易であり，学習者はこの利点を生かして自分の考えを整理し，構成や視覚的要素をくふうすることができた。推敲前後のスライドを比較させることで，判断の過程を可視化し，深化を促すことができた。これにより，比較，検討，選択，判断，決定といった思考過程を記録し，主体的に学習に取り組む態度（粘り強い取組，学習の調整）を育むことができた。

　学級代表戦を３回行うことについては，学習者は自己評価を通して，自らの課題を見つけ，次回に向けて調整を図った。その結果，主題を明確にし，聞き手に分かりやすく説得力のあるプレゼンテーションとなった。

（大塚　みどり）

実践へのコメント

　本実践は，比較，検討，選択，判断，決定といった思考過程を記録することと，指導者が適切に問い返すことで，学習者が見通しをもって自らの思考・判断を吟味することと，指導者が学習者の思考・判断を見取り，指導に生かすことの双方を両立させている。「話す・聞く」学習活動において思考・判断を可視化した好事例であるといえる。また，話し手は，自分の伝えたいことから，相手の聞きたいことへ，聞き手は，話し手の意図を聞き取ることから，質問により話し手の意図を引き出すことへ，段階的に発表をブラッシュアップさせている単元構成も注目に値する。

（大井　育代）

3 単元名：ようこそ！おはなしランドへ（小学1年）
教材名：「おかゆのおなべ」（光村）

他者との対話をもとに思考し，主体的に判断（選択）する

1 単元設定の理由

　小学1年生の学習者に何かを選んだ理由を尋ねると，「好き―嫌い」で答える傾向がある。また，遊びの要素が入った「楽しい」と感じられる活動や目的意識や相手意識をもった活動においては，主体的・意欲的に取り組む。このことは，小学校入門期の学習者が「好き―嫌い」「快―不快」という感覚的な判断軸により「判断」していることによると思われる。遊びのような楽しい活動の中で，学習者一人一人が主体的に学び，読書の質・量ともに高める指導を行いたい。たくさんの昔話を読み，感想や意見を交流する過程で，他の学習者の感想や意見に触れ，「思考」と「判断（選択）」を繰り返すことにより，場面の様子を臨場感をもってとらえ，登場人物の行動を具体的に想像することができるようにしたいと考え，本単元を設定した。

2 単元の目標

（知・技）　(3)エ　読書に親しみ，いろいろな昔話があることを知ることができる。
（思・判・表）　C(1)エ　場面の様子に着目して，登場人物の行動を具体的に想像することができる。
（主体的）　言葉がもつよさを感じるとともに，楽しんで読書をし，国語を大切にして，思いや考えを伝え合おうとする。

3 単元計画（全15時間）

次	主な学習活動	手立て○・評価◆
1	①「おはなしランド」[注1]をつくることを確認する。 ②「おはなしランド」をつくる計画を立てる。 （注1）学習者一人一人のお気に入りの昔話を紹介する「おはなしのおうち」を集め，掲示した昔話の世界。	○単元のゴールを明確にし，計画を立てることで，学習の手順，方法を知ることができるようにする。
2	③お気に入りのお話を3冊決める。 ④「おかゆのおなべ」を読む。 ⑤登場人物カードを書く。 ⑥吹き出しカードを書く。 ⑦吹き出しカードに書いたことを伝え合い，吹き出しカードを完成させる。 ⑧「おはなしのおうち」[注2]を完成させ，発表会での発表の仕方を知る。 （注2）お気に入りの昔話の登場人物と好きな場面での学習者のつぶやきを吹き出しに書いた家型の紹介カード。	○学習者の発言を整理して板書することによって，物語を読んで描いたイメージを広げ，豊かに想像することができるようにする。 ◆文章を読んで感じたことを聴き合い，共有しているか。
3	⑨お気に入りのお話を1冊に決め，自分が選んだ昔話を読んで，登場人物カードを書く。 ⑩自分の選んだ昔話の吹き出しカードを書く。 ⑪「おはなしのおうち」を完成させる。	◆昔話のよさやおもしろさをカードに書いて伝えているか。
4	⑫どんな町ができるか考えて「おはなしランド」をつくる。 ⑬発表会の練習をする。 ⑭発表会を開く。	○発表の仕方や聞き方を黒板に掲示する。 ◆昔話のよさを発表し，伝えているか。
5	⑮学習のふり返りをする。	

4　指導の実際

(1)「分身ちゃん」を用いて好きな場面で自由につぶやく（第7時）

　本単元では，遊びのような楽しく温か
い雰囲気の中，物語の世界に身を置き，
感じたことを表出する手段として，自身
の絵を描いたペープサート「分身ちゃ
ん」を用いる。学習者は，「分身ちゃん」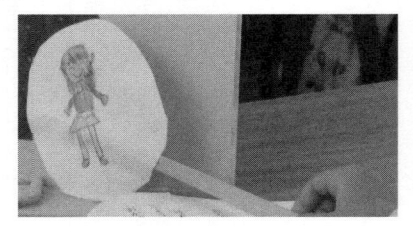
を用いた対話ゲームや国語科の学習での場面の様子を想像する活動を積み重
ねてきた。そのため，学習者は，「分身ちゃん」を自分自身としてとらえて
いる。「分身ちゃん」を挿絵の前に出し，物語の世界の中に入っている自分
自身を可視化したうえで，感じたことを自由につぶやき合った。そして，そ
の様子を撮影し，分析した。

　「分身ちゃん」を用いた対話では，頭に浮かんできたことや感じたことを
感覚的・直感的に表出するため，発した言葉は「表現」ではなく「思考」と
してとらえられる。浮かんできた言葉を口には出すが，外言のように情報伝
達のために用いられていないからである。学習者それぞれの発言を文字起こ
しし，他の学習者の発言を受けてのさらなる発言を分析することで，学習者
がどのように「思考」し，「判断（選択）」し，自分の考えを再形成したのか，
また，「思考」と「判断（選択）」の関係性を明らかにする。

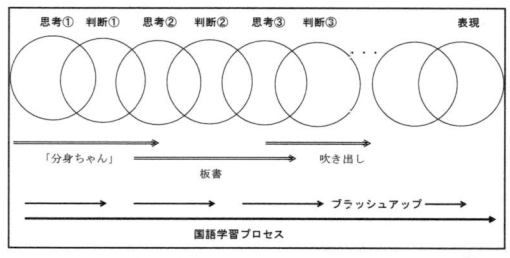

第7時の学習者の思考・判断・表現のイメージ図

おかゆを止める呪文を知らなかったお母さんがおかゆを出し，止められず
に鍋からおかゆがあふれ出す場面での，「分身ちゃん」を用いた学習者のや
りとりと働いていると思われる思考・判断は次のとおりである。

C1 ：町中おかゆでうまってしまった。女の子，早く帰ってきて。	《A児1》思考①
C2 ：女の子が早く帰ってきたら止められるのに。	他の学習者の「○○ま
C3 ：おかゆが<u>宇宙まで広がった</u>らどうしよう。	で広がる」という言葉
C4 ：おかゆが<u>町全体</u>に広がってしまう。	を受け，おかゆがどこ
A児1 ：<u>おかゆがおばあさんのいる森まで広がっていってしまう。</u>	まで広がるのかをイメ
C5 ：女の子が帰ってきたら，怒られるかもしれない。	ージしている。
C6 ：町がおかゆのプールになる。	《B児1》思考①
全体 ：おかゆのプール！	おかゆだから熱いと考
T ：**おかゆのプールってどんな感じ？**	えている。
C7 ：おいしそう。	《B児1》判断①
C2 ：泳いでみたい。	生活経験から，おかゆ
C5 ：泳いでこようかな。つめたいよ。	は「熱い」ものと考
C2 ：おかゆだから重い。	え，選択している。
C8 ：泳いだらぬるぬるする。	《A児2》思考②
T ：**泳いだらどうだろう？　熱いのかな。冷たいのかな。**	他の学習者がおかゆは
B児1 ：<u>おかゆのプールで泳いだらおかゆが熱くて泳げない。</u>	「熱い」とする中で，
C8 ：湯気が出ているから熱い。	広がりから時間の経過
T ：**<u>熱いとどうなる？</u>**	を考え，「ぬるい」と
C9 ：にゅるにゅるになる。	考えている。
A児2 ：<u>時間がたってぬるいかも。</u>	《A児2》判断①
C10 ：べとべとになって，泳げなくなって，帰ったら疲れている。	どのくらいの熱さなの
T ：**熱いとか，にゅるにゅるとか，べとべととか体のどこを使えば分かるのかな？**	か時間の経過をもとに 選択している。
C11 ：手！	
C9 ：おかゆがいっぱいで上がれなくなる。	

T	：おかゆのプールの深さは，どれくらい？	
全体	：（手で床からこれくらいと示す）	
C12	：10メートル。千松小学校ぐらい。	
C8	：窓を開けたら入ってくる。	
C13	：おぼれるくらい。ぼく泳げる。	
T	：確かに！　挿絵を見たら，窓のところぐらいまでできているね。	
A児3	：<u>ドアを開けた瞬間，おかゆが思いっきり入ってくるかも。</u>	《A児3》判断② 挿絵をもとに高さを選択している。
C14	：思いっきり？	
C15	：泳ぐというのは，おかゆだから重すぎて泳げない。 深かったら，沈んでしまう。	

指導のポイント

　学習者が，「分身ちゃん」を用いて，人形遊びのような楽しい雰囲気の中で，感じたことを自由につぶやくことができるようにした。他の学習者や指導者の発言を受け，生活経験や挿絵，本文の言葉などをもとに「思考」し，「判断（ぴったりの言葉を選択）」することを繰り返していることが分かる。また，感覚的な「思考」と「判断（選択）」の繰り返しにより，場面の様子を臨場感をもってとらえ，想像を広げ，自然に五感を働かせてイメージを描いていることも分かる。このように，それぞれの場面で，つぶやきを伝え合い，聞き合い，場面のイメージを描いていくことができるようにした。

(2) 板書をもとに使ってみたいと思う言葉を選ぶ（第7時）

　つぶやきを伝え合い，板書をもとに使ってみたい言葉はどれかを考えることができるようにした。その際の学習者のやり取りは，次のとおりである。

T　　　：たくさんのつぶやきを伝え合い，聞き合いましたね。 　　　　　では，いよいよ吹き出しカードを完成させます。 　　　　　この中で（板書を指さして）使いたい言葉はありますか。	《B児2》思考② 手触りを使いたい。
B児2：<u>手で触った感じを使ってみたい。</u>	《B児2》判断② 板書をもとに選択している。
C10　：べとべと，熱いを使いたい。 C15　：熱そうだから手だけでなく，体全体を使って書く。 A児4：<u>体を使って，ぬるいとか冷たいとか使ってみたい。</u>	《A児4》思考③ 体を使った言葉と「〜みたい」を使いたい。
<u>神様みたい・魔法使いみたいの「〜みたい」という言葉を</u> 　　　　　<u>使いたい。</u>	《A児4》判断③ C15の発言，板書や学習経験から選択している。

　B児は，おかゆの手触りに関する板書に目を向け，使ってみたい言葉を「選択」した。A児は，手触りに関する板書や「魔法使いみたい」という板書，他の学習者の発言，学習経験（指導者による日記の良文の読み聞かせ）等をもとに体の感覚を使った表現や「〜みたい」という比喩表現を「選択」した。

　　指導のポイント

> 　小学1年生の学習者の「判断（選択）」は，指導者や他の学習者との関わりや生活経験，学習経験によるものが大きいことが分かる。
> 　したがって，他者とのつながりや体験を重視した学習を心がけたい。

1 判断の主体性

2 目的に合った判断指向

3 判断の根拠の確かさ 選択の思考

4 判断のスムーズさ

5 方法の関連性 ふさわしさの判断・選択

6 AIと判断する力

(3) 「吹き出しカード」を読み返し，カードを完成させる（第7時）

　使ってみたい言葉を伝え合った後は，吹き出しカードに言葉を付け足したり，新たなカードを書いたりして吹き出しカードを完成させた。

　A児が，本時の最後に書いたカードには，「おか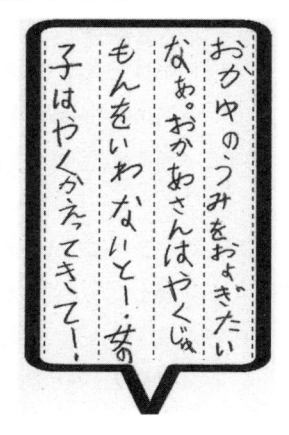ゆのうみをおよぎたいなあ。おかあさんはやくじゅもんをいわないと！　女の子はやくかえってきて！」という言葉が見られる。「おかゆのプール」という他の学習者の言葉から，それよりもさらに広くて波もある「おかゆのうみ」という言葉がぴったりであると考え，「判断（選択）」したものであると思われる。これは，A児が機械的に他の学習者の言葉をまねるのではなく，自らのイメージを主体的に判断したものであると思われる。「！」も多用し，より臨場感のある言葉となっていることが分かる。一方，登場人物に話しかけるような言葉も多く見られる。

　しかし，「おはなしのおうち」に貼るカードを選択する際には，共有の後で増やしたカードの一つである「おかゆのうみ」と書いたカードは選ばなかった。A児が最初から心を寄せていた，女の子の場面と女の子が森でおばあさんからおなべをもらう場面を選んだ。また，共有の後，五感を使った表現や「〜みたい」という言葉を使いたいと発言していたにもかかわらず，それらの言葉は見られなかった。しかし，その後の日々の日記の中には，五感を使った表現や「〜みたい」という言葉が多く見られるようになった。

指導のポイント

> 　小学校入門期の学習者の選択の基準は「好き」などの感覚的な感情によるものが大きいことが分かる。また，「思考」し，「判断」したことは，すぐに影響を与えなくても，その後の学習や表現に影響を与えていることが分かる。

5 評価の実際

　学習者は，他の学習者や指導者の発言を受け，生活経験や挿絵，本文の言葉などをもとに「思考」し，「判断（選択）」することを繰り返していることが分かった。「思考」と「判断（選択）」を繰り返すことにより，場面の様子を臨場感をもってとらえ，想像を広げたり自然に五感を働かせてイメージを描いたりすることができた。「思考」と「判断」は分離できないが，先の「思考」と次の「思考」をつなぐところに「判断」が働くことが明らかになった。

　「分身ちゃん」を用いて「思考」していた学習者も，単元の終わりには「分身ちゃん」がなくても板書の言葉を手がかりにしたり，頭の中でイメージを描いたりして「思考」し，「判断（選択）」することができるようになった。「思考」と「判断（選択）」を繰り返すことにより，「思考」が「判断」を促し，「判断」が「思考」を深化させるように，互いをブラッシュアップさせていることが分かった。　　　　　　　　　　　　　　　　　（森　美帆）

実践へのコメント

　本実践は，好・悪や快・不快を判断軸として判断（選択）しがちな小学校入門期の学習者に，他者の発言を契機として，生活経験や挿絵・本文をもとに思考し，判断（選択）することができるようにすることをめざしている。つまり，判断軸を「思考したこと」にブラッシュアップさせようと試みた実践といえる。そして，それにより，学習者の物語の読みを格段に広げ深めることにも成功している。「おはなしランド」づくりに向かわせるという単元構想や，発達段階に対応した外言化手段「分身ちゃん」の活用など，大胆かつきめ細かで楽しい手立ても多数準備されており，大いに参考になる。

（津守　美鈴）

1

単元名：聞き書きプロジェクト「ほんものと出会う夏」（小学4・5年）
教材名：自主教材

コミュニケーションにおいて
戦略的に判断する

1　単元設定の理由

　夏休みに参加希望の小学生15名（4年生8名，5年生7名）に対して，聞き書きプロジェクト「ほんものと出会う夏」を実施した。聞き書きという言語活動を通して地域の大人に仕事観をインタビューで聞き出し，その内容を書き起こしたうえで，一人語り形式のひとまとまりの文章として作品化する。

　本稿では，本プロジェクトにおいてインタビューに取り組んだ学習者の姿に焦点をあてる。そこでは「相手にしか語れない仕事観を引き出す」という目的をインタビューで達成するために，「話し手は言いたいことを話せているか」と対他意識を働かせたり，「話の展開をとらえながらどのタイミングでどんな質問をするか」と対場意識を働かせたりしながら判断する姿が見られた。筆者はそのような「話し合いの目的達成に向けて，言動や行動を意図的に選択し，決定するような判断」を「戦略的判断」と定義し，実践してきた。本稿でも学習者の戦略的判断の実際や，引き出す手立てを紹介していく。

2　単元の目標

（知・技）　(1)ア　相手とつながりをつくる言葉の働きに気づくことができる。

（思・判・表）　A(1)エ　自分が聞こうとする意図に応じて，必要なことを記録したり質問したりしながら話の内容をとらえることができる。

（主体的）　仕事観を引き出すやりとりを粘り強くくふうしようとする。

3 単元計画 （全13時間）

次	主な学習活動	手立て○・評価◆
1	①聞き書きという言語活動について知る。 ②「よい質問」について意見交流する。 　本プロジェクトにおける個人目標を書く。	○教師によるインタビューの文字起こしを提示する。
2	③インタビューの準備をする。 ④第1回目のインタビューを実施する。 ⑤インタビューをふり返り成果と課題をまとめるとともに，内容を文字起こしする。 　インタビューの準備をする。 ⑥第2回目のインタビューを実施する。 ⑦インタビューをふり返り成果と課題をまとめるとともに，内容を文字起こしする。 　インタビューの準備をする。 ⑧第3回目のインタビューを実施する。 ⑨インタビューをふり返り成果と課題をまとめるとともに，内容を文字起こしする。 ⑩音声の文字化および一人語りの文体への書き換えを行う。 ⑪見出しをつけ段落で整理したり，構成を考えたりしながら文章を構造化する。 ⑫あとがきを加え，聞き書き作品を仕上げる。	○インタビューの準備カード，ふり返りカードを提示する。 ○インタビューの中から戦略的判断が見いだせる場面を抽出し，そのときの判断について自覚化できるようなインタビューを教師が学習者に対して行う。 ◆仕事観を引き出すためのインタビューのくふうを考えて実行しているか。 ◆インタビューをふり返って目的達成に向けた成果と課題を考えているか。
3	⑬本プロジェクトの成果と課題をふり返る。	

4　指導の実際

(1)　インタビューに向けた入念な準備（第3・5・7時）

①　目的に沿ったインタビューのための準備をする

　インタビューにおいて準備は重要である。なぜならば調べたら分かるような情報ではなく，インタビューでのやりとりを通してでしか得られない情報こそ，真に価値あるものだからである。そのため学習者は，事前に相手の仕事に関する情報を収集したり，相手の仕事観を引き出すための質問をあらかじめ考えておいたりするなど，入念な準備をインタビューのために行ってきた。写真は新聞記者の方にインタビューしている学習者の手元を写したものである。実際

に新聞を購入し分析しつつ，「レイアウトを検討する際の手順は？」「カラーと白黒の写真はどのようにして決められるのか？」など，新聞記者としての仕事の本質に迫る質問をインタビュー前から紙に書き出して準備する学習者の姿があった。

　指導のポイント

> 　学習者にはオリエンテーションの中で，「よい質問とは？」という問いを投げかけている。「なぜその仕事を選んだのか」「その仕事をしていて楽しかったことやつらかったことは何か」「あなたの目標は何か」などの具体的な質問を学習者に挙げさせ，それらは言い換えると「その人にしか語れない問い」であることを確認した。どのような情報を事前に収集し，どのような質問をすればインタビューの目的が達成できそうか，準備段階で考える時間を保障することが戦略的判断を鍛えることにつながると考えている。

②　準備した質問に対する優先順位をインタビューの中で変更する

　いざインタビューが始まると，事前に想定した通りには進まない。人間同士のコミュニケーションだから当然のことである。だから，インタビューの中では随時計画の変更を余儀なくされる。下の写真は，ある学習者のインタビューメモである。よく見てみると，既に終えた質問には見え消し線が引かれている。この学習者は，３回のインタビューのうち，初回のインタビューでは事前に準備した質問を上から順番に投げかけていた。しかし回数を重ねるごとに，「聞き手が聞きたい質問」ではなく「話し手が話したい質問」は何かとその場で選択し，予定していた質問の順番を変更していく姿が見られた。

　村松賢一は一問一答ではなく，「相互の化学変化を起こすような対話」になるためには「相手のことばを受けて返すその返し方」である「応じる力」が重要であると述べる（『対話能力を育む話すこと・聞くことの学習―理論と実践―』2001）。この応じる力の育成について村松は「対話教育の最大の課題」と指摘しているが，この課題の克服には学習者の判断への着目が必須であると考える。インタビューの中で話の展開をふまえて判断し，柔軟に質問を変更する姿は，まさに応じる力を発揮している姿だと考えられよう。

　指導のポイント

　コミュニケーションにおける戦略的判断を育むためには，実際に自分が行った判断をふり返る機会を保障することが必要である。そうすることで自分の判断が適切であったか考えることができ，その結果，次回のコミュニケーションでの判断がより豊かになる。今回の指導でも，イン

タビューメモをもとに自分のインタビューをふり返らせることで，質問の優先順位を変更するという判断にせまることができた。

(2)　地域の大人の仕事観にせまるインタビュー（第4・6・8時）

① 　インタビューの場の雰囲気を創り出す

　　インタビューは，インタビューアー（聞き手）とインタビュイー（話し手）によって行われるため両者の関係性が重要になる。気心の知れた友達へのインタビューと，初対面の大人とのそれとでは，当然その場に生み出される雰囲気も違ってくる。紹介する学習者はインタビューの中で「相手との関係づくり」を重視していた。以下はふり返りの一部である（波線，下線は筆者）。

1回目のインタビューのふり返りから
話し手が話をし終わった後ですぐに次の質問に移ってしまったり，リアクションが微妙に薄かった気がします。なぜなら，すぐに次の質問に移るのはまだ話し手がその話につながる話をしたいときもそうだし，その話につながる質問を出した方がいいとも思ったしリアクションが微妙に薄いと「すごいですね」と言っても「すごいと思って言ってないな」と思われるし，そのせいで話がしにくくなるからです。

2回目のインタビューのふり返りから
・話が弾んだ→話しやすい環境 ・ところどころ笑いながら話を聞けた→心を開いて話してくれる ・次の質問にすぐ移ってしまう　（もはやこれはクセ？）　→深い話が聞けない

3回目のインタビューのふり返りから
基本的なことだけどあいさつ，あいづち，ありがとうを言えた→インタビューがしやすい（話しやすい環境） 「すごーい！」や，「わぁ〜」などのリアクションがほとんど→話し手に「この人はこんな単純な人だったのかな」と思われてしまうかも

　　波線は，この学習者がインタビューをふり返って，相手との関係づくりに意識を向けている部分である。3回のインタビューを通して「リアクションが薄いと話がしにくくなる」「心を開いて話をしてくれる」「単純なリアクションだと単純な人だと思われる」など，この学習者は常に相手との関係性に意識を向けながらインタビューを進めてきたことがよく分かる。インタビュ

ーの中で相手が話しやすくなるようにリアクションを入れるためには，相手の様子をつぶさに観察しなければならない。そして適切なタイミングでリアクションを入れることではじめて，リアクションは相手との人間関係を構築する有効な手段となり得る。そこに常に聞き手の判断が求められることはいうまでもない。

一方下線は，自分の聞き方そのものに意識を向けているふり返りの記述である。「もはやこれはクセ？」と分析できるほどに，自分の質問の仕方をふり返る機会は，大人でもなかなか出会うことがないだろう。またあいさつやあいづちの意味を，インタビューのしやすさや話しやすい環境づくりと結びつけたうえで，あらためて「基本的なこと」ととらえなおす姿は，日々のコミュニケーションを豊かにしていくうえでとても重要である。

初めて出会う大人に対して，相手にしか語れない仕事観を引き出すという目的が明確に学習者の中に立ち上がっているからこそ，コミュニケーションの場における戦略的判断の発揮がおのずと引き出されていくのであろう。

指導のポイント

写真のように，学習者は真剣なまなざしでインタビューを受けてくださる大人の方とやりとりをしていた。このまなざしに見える「熱量」をまずは教師が見取り，価値づけることが重要である。筆者は実際のインタビューでの様子や，ふり返りでの記述をもとに，この学習者に対して「相手の話を丁寧に聞こうとする姿勢がどれだけ話し手にとってうれしいか」ということを伝えていた。このことが少なからず，この後のインタビューにも影響を与えていたのではと推察される。学習者の判断する力を育むために，教師の判断もまた問われているのである。

② 動画や文字起こしをもとに自分のインタビューをふり返る

　インタビューでは，写真（上）のように学習者がもっているタブレット端末を利用して，インタビューの様子を文字起こししながら録音していた。また，同時にインタビューの様子を撮影しておき，写真（下）のように動画で確認ができるようにしていた。以下は筆者が動画を一緒に見ながら学習者の判断にせまったときのやり取りである。インタビューでの仕草一つに，学習者の細やかな戦略的判断が発揮されている。

> Ｔ：インタビューの中でくふうしたことは何？
>
> Ｃ：えっと，例えばここ（動画を停止して）で目線を意識したことです。
>
> Ｔ：目線？　どんなふうにくふうしたの？
>
> Ｃ：なんか，インタビューの途中で残り時間が気になって，でもちらちら時計を見ていたら
> 　　〇〇さん（インタビュイーの名前）もいやかもしれないから……
>
> Ｔ：なんでいやに思うの？
>
> Ｃ：話を聞いてくれていないって思うから。早くインタビューを終わりたいのかなって。だ
> 　　から気づかれないタイミングで時計を見ることにしました。

　日常的なコミュニケーションの中で，やりとりの適否を分けるのはこういった細やかさではないだろうか。うなずくタイミング一つで，相手の印象が大きく変わることがある。今回のこの学習者のような学びの先に，よい話し手や聞き手は育つと考えられる。継続的な指導を大切にしていきたい。

指導のポイント

> 　自らのコミュニケーションをふり返ることは簡単なことではない。音声は発した瞬間から消えていくからである。「記憶」を頼りにしたふり返りだけでなく，「記録」をもとにした客観的な分析で，自らのコミュニケーションをメタ認知していくことが重要と考えられる。

5 評価の実際

　本プロジェクトを通して筆者が意識したのは，学習者が実際のコミュニケーションを通して自らの戦略的判断に自覚的になり，これからのコミュニケーションに向けた言動や行動に生かしていけるようになることである。3回のインタビューを連続的に実施することで，成果をとらえ課題を見いだし，すぐに次のインタビューで改善をめざすといったサイクルを生み出すことができた。その結果，「その人にしか語れない」仕事観を引き出す目的を達成するために，どの学習者にも雰囲気づくりをくふうしたり質問の順序を入れ替えたりする姿が見られた。小学生であってもコミュニケーションの中で高度で多様な判断を織り込んでいるのである。学習者の判断に着目して実際のやりとりを見つめなおしてみると，授業者にもたくさんの気づきが得られた。どのような発言や聞き方をしているかという表現レベルの見取りを越えて，なぜそのような発言や聞き方をしたのかという判断レベルの見取りが，授業者の評価行為にもたらすものは大きいと改めて実感した。

（友永　達也）

> **実践へのコメント**
> 　学習指導要領が求める「主体的・対話的で深い学び」は，それぞれが個別にあるのではなく一体である学習だが，友永氏の実践はまさにその具現といえる。3回のインタビューを設定した計画は，「課題設定」と「構想の見通し」「ふり返り」が連続し，その過程には，問題の解決や新たなアイデアの創造を求めて他者と協働する姿があり，学習者自身が学びの深まりを実感できる仕組みがある。一つ一つのプロセスの裏側に学び手の判断機会があり，判断の道筋を学習者自身がふり返ることで，自らの取組の確かさと成長した自分が感じられる仕組みだ。
>
> （川嶋　英輝）

2 単元名：説得力のあるプレゼンテーションをしよう－COP 会議－（中学 2 年）
教材名：「クマゼミ増加の原因を探る」「モアイは語る──地球の未来」（光村）

論理と感性を組み合わせて
バランスをくふうする

1 単元設定の理由

　学習者自身が，自分は何のために，何をめざして判断しているのかということを勘案しながら判断することは，学習者の判断の深まりを支え促す基礎になる。特に対話場面では，話し手が「言いたいことの中心は何か」「伝えたいことは明確か」という内容に対する判断の視点や，「聞き手はどんな立場か，どんな目的や意図で聞いているか」という相手に対する判断の視点を明確にすることが必要である。

　そこで，本実践では，「話すこと・聞くこと」の学習過程において話し手が，聞き手の立場や目的に応じて，論理と感性の組み合わせやバランスを判断し，くふうする実践を行うことで，判断が質的に深まることを考察した。

2 単元の目標

- （ 知・技 ）(1)イ　話し言葉と書き言葉の特徴について理解できる。
- （ 思・判・表 ）A(1)イ　自分の立場や考えが明確になるように，根拠の適切さや論理の展開などに注意して，話の構成をくふうすることができる。
- （ 思・判・表 ）A(1)エ　論理の展開などに注意して聞き，話し手の考えと比較しながら，自分の考えをまとめることができる。
- （ 主体的 ）言葉がもつ価値を認識するとともに，読書を生活に役立て，我が国の言語文化を大切にして，思いや考えを伝え合おうとする。

3 単元計画（全7時間）

次	主な学習活動	手立て○・評価◆
1	①②「クマゼミ増加の原因を探る」（以下「クマゼミ」），「モアイは語る——地球の未来」（以下「モアイ」）での学びを生かし，「阿波っ子タイムズ」（徳島新聞）の四つの新聞記事の中から一つを選んで読み，筆者が図，表，グラフ（以下，図等）をどのように効果的に用いているか考える。 ・執筆者の言いたいことの中心は何か，伝えたいことは明確かについてとらえる。	○図，表，グラフを「根拠」「説明の補助」どちらの意図で用いているか考える。 ◆「クマゼミ」「モアイ」における既習内容を想起しているか。
2	③〜⑤グループ（3〜4人）でTeamsによる共同編集を行い，自分たちの立場や考えが他学年に伝わるスライド（3枚程度）と発表原稿（3分間）を作成する。 ・プレゼンテーションで，伝えたいことが明確になるように，図等を適切に用いているか考える。	○他の班と発表を共有し，個の判断と集団の判断のすり合わせを行う。 ◆スライドの構成は聞き手を説得するために適切か。
3	⑥⑦ペアの班で，互いのプレ発表動画を視聴し合い，各発表者の発言内容や，グループの発表順などについて意見交換をする。 ・図等の性質を見極め，聞き手を説得するために適材適所に効果的に位置づけられているかを考え，班同士での交流を通して吟味する。	○図等を考えの根拠として用いるのか，また説明の補助として用いるのかを明確にする。 ◆図等を効果的に用いているか。

1 判断の主体性
2 目的に合った判断内容
3 判断の根拠の確かさ・着眼の広さ
4 有識のスムーズさ
5 方法の適切択・くふうの凝らされる判断
6 AIと判断する力

4 指導の実際

(1) 伝えたいことが明確になるような構成を学ぶ（第2時）
① 筆者や記者がどのように図等を効果的に用いているか，参考にする

　中学2年生の教科書（光村図書）における説明的文章教材「クマゼミ増加の原因を探る（沼田英治）」「モアイは語る――地球の未来（安田喜憲）」の二つを取り上げ，読み手を説得するための筆者のくふうをとらえるために，【題】【書き出し】【図表】【写真】【まとめ】の5観点から二つの教材を比較した。学習者は，表1における読み手を説得するための筆者の判断を，第2次のプレゼンテーションの実践に生かした。

表1　読み手を説得するための筆者のくふう
＊表中の太字は，読み手に対して働く筆者のくふう

教材名	読み手に論理的な思考を促すくふう 「クマゼミ増加の原因を探る」	読み手に感性的な思考を促すくふう 「モアイは語る――地球の未来」
読み手に伝えていること	「物事の原因を追究するには，世間一般にいわれていることをうのみにするのではなく，科学的な根拠を一歩一歩積み上げて臨む姿勢が大切である」 **➡実験で得たデータを根拠として，読み手に示している。**	「私たちは，今あるこの有限の資源をできるだけ効率よく，長期にわたって利用する方策を考えなければならない。それが，人類の生き延びる道なのである」 **➡イースター島の文明崩壊を教訓として読み手に示している。**
題	「クマゼミ増加の原因を探る」 **➡筆者自身の目的をはっきりと示している。**	「モアイは語る――地球の未来」 **➡文章を読み進める過程で，筆者の伝えたいことを次第に明らかにしている。**

書き出し	「図1に，二〇〇八年に大阪府内で行った抜け殻調査の結果を示す」 ➡図等を示し，それらを用いながら丁寧に説明を重ねていくという形式にしている。	「実は，この絶海の孤島で起きた出来事は，（中略）モアイの秘密に迫っていきたい」 ➡隠喩を用いながら，読者の感性を揺さぶる書き出しにしている。
図表	【計9枚】 ➡筆者自身が調査した結果をまとめ，これらを用いて丁寧な解説を重ねている。	【計2枚】 ➡文章による説明を視覚的に補助するために用いている。
写真	【計2枚】 ➡読み手の円滑な理解のため，補助機能として用いている。	【計4枚】 ➡モアイの写真に写る情報から，イースター島文明の繁栄と崩壊までの過程を読み手の感性に訴える形で示している。
まとめ	➡文章の構成そのものが，筆者の研究に対する姿勢の伏線となっており，最後まで読み進めた読み手に説得力を感じさせている。	➡読み手自身にイースター島の文明崩壊は，他人事ではなく自分たちの切実な問題であることを実感させるために主語をモアイから私たちに置き換えている。

T：「クマゼミ」と「モアイ」を比べると，図等の数が違いますね。

C：「クマゼミ」は1段落につき1枚といってもいいほど，多いです。

T：筆者が根拠として図等を多用した結果，説得力は増したかな。

C：情報を根拠としてたくさん用いているから，増したといえます。

指導のポイント

　「クマゼミ」の筆者は，図等や写真を計11枚用いている。中でも図等は主に，筆者の考えの根拠として用いられており，聞き手を論理的に説得する手法を取っている。一方，「モアイ」の筆者は，図等や写真を計6枚用いている。中でも写真は，6枚のうち5枚は，モアイが写ったものであり，モアイを通してイースター島文明

の繁栄から崩壊に至るまでの過程がストーリー的に展開され，聞き手を感性的に説得する手法を取っている。論理的な説得と感性的な説得といった，これら筆者の判断を参考にし，学習者が説得力を増すためのくふうとして判断を重ね，自身のプレゼンテーションに取り入れることが判断の質的な深まりにつながる。

(2) 構成をくふうし，伝えたいことを明確にする（第3時）

① 聞き手の論理や感性に働きかけたプレゼンテーションを構成する

　「クマゼミ」「モアイ」を教材とした第1次での学習を生かし，聞き手を論理的及び感性的に説得するために，学習者はプレゼンテーションで用いるスライドを班員でくふうする学習活動の過程で判断を重ねた。この班員で，スライドの内容や順序をすり合わせる過程において，判断の質の深まりが期待できる。

　次は，中学1年（1級下の学年）の生徒に，COP会議の提言事項として，「紙は燃えるごみではなく，再生可能資源であること」を説得する際に，「クマゼミ」のくふうを応用し，読み手を論理的に説得するくふうをした班と，「モアイ」のくふうを応用し，読み手を感性的に説得するくふうをした班のプレゼンテーションのスライドを【題】【出だし】【図等】【写真】【まとめ】の5観点から分析し，考察を示したものである。

	論理的な説得をくふうした8班	感性的な説得をくふうした5班
題	【スライドの内容】 ➡「SDGs―紙は地球を救う―」 ●「クマゼミ」の手法と同様に紙というキーワードを示し目的を初めから明らかにしている。	【スライドの内容】 ➡「世界を守ろう〜住みやすい未来のために〜」 ●「モアイ」の手法と同様に，隠喩を用いて表現している。

出だし	【スライドの内容】 ➡日本はSDGsの17目標のうち,3目標しか達成できていないことを挙げ,紙の再利用化がさらなる目標の達成につながると述べている。 ●聞き手に対しSDGsを「知っている」から「行動する」ように促している。	【スライドの内容】 ➡日本のSDGsの目標達成率が79.4％で,これは世界ランキング21位であることを挙げている。また,世界全体のSDGsの達成度は,67％で17の目標を個別に見ても,達成の道のりが厳しいと述べている。 ●聞き手に具体的な数値を示し,日本の順位の低さを印象づけている。
図等	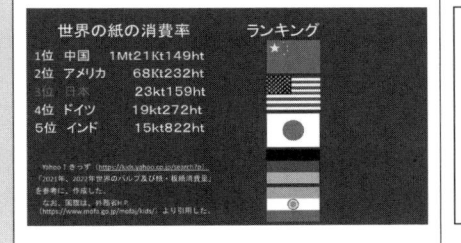 ➡「紙」が再利用される過程を示したり,世界の紙の消費率が高い国をランキングで示し（日本を含む）たりしている。 ●聞き手である私たち自身に紙を大量消費していることを具体的な数値でもって自覚させている。	**本校の紙の年間使用量** 本校では年間約90万2500枚のプリント （1人1日3枚×授業日数２００日×全校生徒数で計算） が配られている。 ➡総重量訳3t600kg ホッキョクグマ（オス）1頭＝身長約200cm 体重約450kg これらの紙を全部積み重ねたとき… 高さ…ホッキョクグマ（オス）約4頭分（ほぼ2階建ての家の高さ） 重さ…ホッキョクグマ（オス）約7.8頭分 ➡「13　気候変動に具体的な対策を」を取り上げながら,聞き手である中学1年生がイメージしやすいように,本校における紙の年間使用量をホッキョクグマの身長や体重に置き換えて示している。 ●聞き手のイメージを誘発しながら,説明している。
写真	なし。	【スライドの内容】 ➡森林が山火事で焼失するという悪循環を写真で示している。 ●インパクトのある写真を用いて,聞き手に印象づけている。

	【スライドの内容】	【スライドの内容】
ま と め	➡紙を燃えるごみとして捨てないようにする。 ➡紙はごみではなく，資源であると認識し，再利用する思考をもつ。 ➡紙の使用量を減らす。 ●「紙」に関して私たちが行動できる三つのことを具体的に示し，聞き手に行動化を促している。	➡徳島県上勝町の「ゼロ・ウェイスト」運動（無駄・ごみ・浪費をゼロにし，そもそもごみを生み出さないようにする活動のこと）を紹介する。 ●実際に徳島県で取り組まれているごみの削減に関する具体的な取り組みを写真で紹介し，聞き手に行動化を促している。

T：8班は，グラフや話し言葉の中に具体的な数値を示しているけれど，これはどうして？

C：数値を示すと，聞いている人が紙の年間消費量をイメージし，納得すると思ったからです。

T：聞き手はどのような立場で聞いていると思いますか？

C：無関心な人もいると思うので，まずは数値を示して興味をもってもらいたいと思いました。

指導のポイント

　プレゼンテーションでは，さまざまな立場（共感，否定，無関心）の聞き手に対して伝えたいことを明確にするくふうが求められる。学習者は，これまで家族や友人といった，身近で自分自身を受容してくれる相手を説得してきた経験が圧倒的に多い。

　しかし，今後社会参画するにあたり，相手が共感する状況は多くないのが現実である。そこで，さまざまな立場の聞き手が混在する状況下で必要となるのが，論理と感性のバランスを大切にしつつ，聞き手に丁寧に説明する過程で，より多くの人の納得を得ることである。

　論理と感性のバランスや聞き手への丁寧な説明をくふうする過程で，個として，集団として判断を重ねる経験が判断の質の深まりにつながる。

5　評価の実際

　本実践では，①筆者が図等を「根拠」「説明の補助」どちらの意図で用い
ているかをとらえられたかという点と，②個人で分担して作成したスライド
の内容を，聞き手が説得力を感じるように，班の中で順序や内容のまとまり
を俯瞰しながら，個の判断と集団の判断のすり合わせを行えたかという点を
評価した。

　①では，「クマゼミ」と「モアイ」の図等の用い方が読み手を論理的に説
得したものであることや，感性的に説得したものであることを根拠を示しな
がら説明できるかという点で評価した。②では，①での学びを生かしつつ，
聞き手が説得力を感じるために，論理と感性のバランスを考慮できているか
を評価した。個人が作成した発表原稿やスライドの全体的な構成についてく
ふうを行う過程で，判断を重ねて質を高められたか評価した。

（小阪　昌子）

> **実践へのコメント**
>
> 　判断する力を育むために，判断をする必要がある場面を設定したり，
> それを表現するために話す，書く場面を設定したりするくふうが随所に
> 見られる。中でも個の判断にとどまらず他者との共有を通して判断を強
> 固にしたり，更新したりする場として「ペアの班」による活動を行うこ
> とでさらに判断する場を設けている。これにより自分の発表を客観的に
> とらえることができ，より深い考えで発表原稿や発表資料を見なおすこ
> とができる。
>
> 　またこの実践では，この単元に入るまでにここで必要とされる学習経
> 験を積んでいる。それがこの学習での個の判断に生きているのである。
>
> （府川　孝）

1 単元名：推しどころを見つけよう♪きいて，きいて，きいてみることで（小学5年）
教材名：「きいて，きいて，きいてみよう」（光村）

インタビュー学習でふり返りを重ねる

1 単元設定の理由

　本実践では，インタビューをする人，される人，見る人という3者による「インタビュー」や「インタビューの報告」という二つの「きき合う」活動に取り組む。その後，自分たちの活動をふり返ることで，「きくこと」の役割を果たすために大切なことを考える学習へと展開する。それは，単元を通して「きくこと」に対する考えを形成させることをねらいとしているからである。本単元の学習を展開していくうえで，「三つのふり返る活動」を取り入れる。それは，ふり返ることが，「学びの価値づけ」という判断を働かせると考えたからである。学びを価値づける判断が，次の学びに向けての自分の目標を明確にし自己調整を促したり，複数回のふり返りを俯瞰し1時間ごとの学習を関係づけることでメタ認知したりする役割を果たすため，「判断する力」（判断の根拠の確かさ・視野の広さ）を育むうえで効果的であろう。

2 単元の目標

- (知・技) (2)イ　情報と情報との関係づけの仕方，図などによる語句と語句との関係の表し方を理解し，使うことができる。
- (思・判・表) A(1)エ　話し手の目的や自分が聞こうとする意図に応じて話の内容をとらえ，話し手の考えと比較し，自分の考えをまとめることができる。
- (主体的)　学習をふり返り，自己調整しながら見通しをもって学習に取り組む中で，「きくこと」に対する考えを形成し，活用しようとする。

3　単元計画（全6時間）

次	主な学習活動	手立て○・評価◆
1	①日常生活の中にあるさまざまな「きくこと」について考える。インタビューしてほしい自分の推し（話題）や推しどころ（推す理由や内容）について考える。	○学習者たちの考えを「聞く」「聴く」「訊く」の内容で整理し，全体で共有する。
2	②インタビューするメンバーや順番を決める。インタビューする相手の推しを確認し，推しどころを見つけるための質問を考える。 ③インタビューをする（1回目）。 ・インタビューを見た人→した人→された人の順に，インタビューの内容をふり返ることで，見つけた推しどころを発表する。 ・推しどころ交流後，インタビューやインタビューの報告をふり返ることで，インタビューのよかったところやこうすればもっとうまくいくところを話し合い，「きくこと」の役割を果たすために大事なことを考える。 ④インタビューをする（2回目）。 ⑤インタビューをする（3回目）。 ＊2，3回目でブラッシュアップを図る。	○ポストイットを用いて交流することで，自他の相違点を視覚化する。 ◆自他の相違点に気づき，価値づけしているか。 ○録画等を見返すことで，根拠を明確にして考察する。 ◆インタビューをふり返り，「きくこと」の役割を果たすために大事なことを考えているか。
3	⑥単元全体の学習をふり返ることで，「きくこと」に対する考えや自己の変容，これからの生活に生かしたいことについての考えを整理する。	◆「きくこと」に対する考えや自己の変容等をメタ認知し，とらえているか。

4　指導の実際

(1)　インタビューの内容についてふり返る（第3～5時）

① 　インタビューの話題を決める

　インタビューの話題は，インタビューされる人が自分の推しの中から選択する。それは，自分の推しどころについて尋ねてほしいという意欲を高めるためである。そして，する人はそれを引き出すために「きく」（尋ねる→「訊く」が重点），される人はそれを伝えるために質問を「きく」（相手の質問に傾聴する→「聴く」が重点），見る人は2人のやりとりの中からそれを見つけるためにやりとりを「きく」（要点を正確にとらえる→「聞く」が重点）というように，「推しどころを見つける」ことを3者の共通の目的とする。

② 　インタビューをする

　インタビューをする人は，話題（推し）を視覚的につかませるために，はじめにインタビューされる人の推しをシートに提示してインタビューを開始する。その後，インタビューメモを用いて，必要に応じて質問の順番を変えたり，メモを取ったりしながらインタビューを進める。インタビューを見る人の机には，タブレット PC を置き，インタビューの様子を録画する。

③ 　個人でインタビューをふり返り，見つけた推しどころを整理する

　メモをもとにインタビューをふり返り，見つけた推しどころをポストイットに記入する。インタビューされた人は，インタビュー前には気づいていなかった推しどころをインタビュー活動によって見つけた場合，ポストイットに「きらりんシール」（新たな気づきの証）を貼る。

④ 　「推しどころ」を交流することでインタビュー内容をふり返る

　インタビューで見つけた推しどころを交流するというふり返り活動について，具体例を取り上げたい。インタビュー前に A 児は自分の推し「○○チーズ牛丼」に対する推しどころを，「3種のチーズに温玉がついている」こ

とと判断していた。しかし，インタビュー序盤に「どこで売っていて，いつから好きですか」と回答を準備していない質問をされたことで，困って答えられなくなってしまった。そこでインタビューした人は，「どこが好きですか」という答えやすそうな質問に変更し，Ａ児が用意していた推しどころを引き出した。その後，Ａ児が話しやすそうな表情に変化したことから，「しょっぱくてとか簡単にでもいいので味を教えてください」と具体的に訊くことで，「チーズ一つ一つに味がある」とＡ児が気づいていなかった推しどころを引き出した。さらに，「チーズの役割って他にありますか。ぱらぱらかかっているとか」と引き出した推しどころに関連する質問を続けることで，「チーズがぱらぱらまんべんなくかかっている」という推しどころも引き出した。この２点については，インタビュー後の交流時に３者とも推しどころと判断しており，Ａ児はさらにポストイットにきらりんシールを貼っていた。

　３者が見つけた推しどころを交流することは，単なるインタビュー内容の答え合わせに留まらず，同じ内容のポストイットを重ねることで根拠を確かなものにする効果があった。また，自分では気づいていなかった推しどころを発見したり，他者から推しどころを提示されることでなるほどと気づいたりするなど，交流を経て視野を広げたりすることにつながっていた。このふり返りは，「対話場面を中心に置いた判断する視点」（本書23頁参照）の「１　話題・内容（対事）」ア・イ，「２　相手（対他）」ア・イ，「３　自分（対自）」イ・ウと特に結びつきがあろう。

　指導のポイント

> インタビューを見た人→した人→された人の順に推しどころをポストイットに明示して交流することが，相違点を明確にし，自分の判断を確かにする根拠となったり，視野を広げたりするうえで有効である。

⑵ インタビューやインタビューの報告をふり返る（第3〜5時）

① 「きくこと」の役割を果たすために大事なことを考え，価値づける

　録画しておいたインタビューの様子と，ポストイットを用いて推しどころを交流し，整理した推しどころシートを用いながらきき合う活動を3者でふり返ることで，うまくいっていたらその成果から，うまくいっていなかったらこうすればもっとよくなるというところを話し合う。このふり返りから，「きくこと」の役割を果たすために大事なことを考え，価値づけるというように学習を展開する。そこから，「わたしたちのインタビュー『ここ』がポイント」というように，特に今回のインタビューで見られたいい点，もしくは反省点を価値づけし，映像を用いてそれをクラス全体の場で発表する。教師は，発表で出てきた内容を第1時に整理した「きくこと」の役割を果たすために大切なことをまとめた掲示用のプリントに加筆していくことで，学級全体の学習成果物とする。ここで，ふり返りの具体例を一つ分析したい。

> Bさんの推し「カラフルピーチ」
>
> （省略）（1分10秒ほどのやり取りを経て）
>
> C1（する人）：なぜ推しになったのですか？（予定していた四つめの質問）
>
> B1（される人）：なんか大人数で，名前にピーチって入っていて，僕も桃好きだから，そういうので好き。
>
> C2：<u>名前にカラフルが入っていて，カラフルなんですか？（書いていない質問）</u>
>
> B2：12人いて，それぞれイメージカラーがある。
>
> C3：あ〜，イメージカラーで分けられている。
>
> B3：はい。（省略）

　カラフルピーチという推しの名前が話題に上がった場面で，「カラフル」に焦点をあてた質問をすることで，12人いることやそれぞれのキャラクターがカラフルであるということを引き出し，インタビューをした学習者も，見た学習者も推しどころとしてその点を取り上げていた。録画でふり返る中で，名前が話題になっていたタイミングで予定になかった質問をしたことが推しどころを引き出せたと学習者たちも価値づけしていた。

他にも，インタビューの中で即時的に質問を変えたり，相手の反応からより詳しく訊きなおしたり，沈黙が続けばいくつか例を挙げたりするなど，インタビューの録画や推しどころシートを３者でふり返ることで，印象ではなく事実に基づいて話し合うことができていた。こうして成果や課題についてふり返ることが，「きくこと」の役割を果たすために大切なことを価値づけることに有効であったと考えている。ここでのふり返りは，「対話場面を中心に置いた判断する視点」（本書23頁参照）の「5　流れ・場（対場）」エと特に結びつきがあるととらえている。

指導のポイント

録画や推しどころシートという具体物を用いて活動をふり返ることで，印象ではなく根拠を明確にしてふり返り，価値づけを行う。

(3)　単元を通した継続的なふり返り（第１～６時）

　学習者は毎時のふり返りとして，授業で見つけた「きくこと」に対する考えや自分の成長，今後に向けての目標などをふり返り，１枚もののシートに記入する。こうして１授業単位での学びを，単元を通して蓄積していく。そして，単元の最後には，単元を通しての学びをふり返り，最終的に考えた「きくこと」に対する考えの形成や自己の変容，これからに向けてということに対して価値づけを行う。こうしたふり返りによって，学習者に自己の成長に対してメタ認知を働かせて自己評価することをねらう。ここで，シートに見られた学習者のふり返りを分析したい。D児のふり返りに見られた１時間ごとの学びのつながりと自己の変容は以下のとおりである。

1回目（3／6時）　役割：インタビューをされる人
（省略）特に沈黙が最後の方に多かったので<u>時間があまったときの質問も決めといたほうがいい</u>と感じました。（省略）
2回目（4／6時）　役割：インタビューをする人
昨日は沈黙が多く，昨日のふり返りで沈黙したとき用の質問を決めると書いていて，やってみたらけっこう沈黙するなと感じたけど，<u>用意をしていたので昨日書</u>

	いていた計画が成功したのでよかったと思いました。（省略）

3回目（5／6時）　役割：インタビューを見る人

（省略）でも，沈黙があったからで終わるのではなく，<u>インタビューする人がいくつかの例をあげて，インタビューされる人が答えられるようにしていたことがよかったと思いました。</u>（省略）

　上記に見られるように，1時間ごとのふり返りを蓄積し，ふり返ることで，自分たちの変化に気づき，そこに成長と価値づけを行っていた。他方，単元を通しての学びでは，以下のようなふり返りが見られた。

E児	<u>きくことの役わりは，相手のことをよく知る，大事なコミュニケーションだと思う。</u>（省略）
F児	（省略）今は，話の要点を簡単につかむなど，質問を変えることが特に大事なことだと思いました。（中略）これからは，社会見学とかがあると思うので，そこでいかしたいです。
G児	<u>「きくこと」は日常会話の中でも，毎日使われていることや，「きくこと」はたくさんの種類があり，相手の気持ちを知るためにも，すごく大切なことだということを知った。</u>（中略）されるときには，沈黙が多かったり，同じような質問をたくさんされたりすると少し困ってしまうことを知った。（省略）

　上記のように，自分の中での変容やこれからに向けて意識したいことを具体的に価値づけできている姿がたくさん見られた。1授業ごとの小さな判断の蓄積が，学びの連続性に気づいたり，単元という大きな尺度での判断を働かせる際に有効であったりしたと考えている。ここでのふり返りは，「対話場面を中心に置いた判断する視点」（本書23頁参照）の「3　自分（対自）」イ・ウと特に結びつきがあるととらえている。

指導のポイント

　毎時の学びをふり返り，1枚もののシートに蓄積していくことで，それぞれの学びを関係づけたり，単元での学びを一目で俯瞰したりする。

5　評価の実際

　ふり返って学びを価値づけることが判断する力（判断の根拠の確かさ・視野の広さ）を育むと考え，本実践では三つのふり返る活動を取り入れた。インタビューの内容についてふり返る活動では，他者の判断と自分の判断が一致することで自分の判断を確かにしていた。また，自分では気づいていなかった推しどころをインタビューによって引き出されることで発見するなど，交流を経て視野を広げていた。インタビューをふり返る活動では，録画等の具体的な根拠をもとによかったところや改善したいところをふり返ることで，学びを価値づけし次に生かそうと自己調整する姿が見られた。単元を通した継続的なふり返りでは，単元を俯瞰した状態で自分の学びを価値づけすることが，主体的に学びに向かう力の育成にも役立った。また，毎時のふり返りを関係づけていくことが，「きくこと」に対する考えを確かなものにしていった。やはり，ふり返って学びを価値づけることが，「判断する力」を育むうえで有効であると私は考える。

（薦口　浩一）

> **実践へのコメント**
>
> 　学習の展開の中で，三つのふり返る活動を取り入れ，学びに価値づけすることで「判断する力」（判断の根拠の確かさ・視野の広さ）を高めていく実践である。この実践は，意図的，継続的にふり返り活動を取り入れることにより，客観的な視点から状況を判断できたり，3者で交流することで多様な視点から状況を判断できたりする。インタビューをふり返る場面で「訊く」に焦点化することで，より効果的な学びの価値づけができたであろう。ふり返る活動は，単に過去の出来事のふり返りだけでなく，判断力を質的に高める重要なプロセスだと感じた。
>
> （宮城　久雄）

聞きながら話しながら目的に沿って判断する

1　単元設定の理由

　「聞き上手になろう」は1・2年の教科書にも設定されている単元で，相手の思いや考えを引き出す聞き方を系統的に学ぶことが意図されている。本単元のリード文には「聞き上手な人は，相手の言いたいことや話の展開を予想しながら聞き，臨機応変に対応してその内容に迫っていく」とある。ここでいう「聞く」は話し手とともにコミュニケーションの場をつくり出すことを指すもので，主体的・能動的に聞くことが求められる。

　そこで，「質問で話や考えを引き出して，話し手の思いに迫ること」を目的とした対談を行い，学習者が聞きながら話しながら判断の根拠を確かにすることで「話すこと・聞くこと」における判断する力を育みたいと考えた。

2　単元の目標

（　知・技　）　(1)エ　敬語などの相手や場に応じた言葉遣いを理解し，適切に使うことができる。

（思・判・表）　A(1)ウ　場の状況に応じて言葉を選ぶなど，自分の考えが分かりやすく伝わるように表現をくふうすることができる。

（思・判・表）　A(1)エ　話の展開を予測しながら聞き，聞き取った内容や表現の仕方を評価して，自分の考えを広げたり深めたりすることができる。

（　主体的　）　コミュニケーションの場としての対談の場をつくり出し，その価値を感じながら思いや考えを伝え合おうとする。

3 単元計画（全2時間）

次	主な学習活動	手立て○・評価◆
1	①テーマ「中学校3年間で学んだこと」について，Google ドキュメントを用いて自分の思いを簡潔に書く。 ・対談の進め方を確認して準備する。 ・聞き上手になるための質問の仕方について確認する。	○めざす対談を共有して学習が始められるように，教科書の2次元コードを用いて対談の映像を視聴する。 ○質問の具体を確認するために，既習内容も提示しながら相手の考えや思いに迫る質問の仕方を説明する。 ◆対談準備をしているか。
2	②話し手・聞き手・観衆・撮影者の4人1組で対談する。 （対談の様子は Chromebook で撮影し，教師が指定したドライブに保存する） ・対談をふり返って，Google フォームを用いて自己評価する。 ・ドキュメントを用いて思いをまとめなおす。	○対談においてそれぞれの役割でめざすこと・行うことを全体で確認する。 ○内容だけでなく，話し方・聞き方・進め方について評価できるように，ふり返りの観点を事前に伝える。 ○必要に応じて自分の対談の映像を視聴できるようにしておく。また，録画を視聴しながら対談中の判断について聞き取る。 ◆学習目標に沿った対談を行っているか。

1 判断の主体性
2 目的に合った判断内容
3 判断の根拠の確かさ・視野の広さ
4 判断のスムーズさ
5 方法の適切性・くふうの見られる判断
6 AIと判断する力

4 指導の実際

(1) 話し手・聞き手・観衆・撮影者の4人1組で，対談する（第2時）

　第1時，学習者は，自身が話し手となる際におよそどのような内容で話をするかを考えてドキュメントを用いて書いた。また，聞き手となる際にどのような質問をすればよいか見通しをもった。教師は，学習者の取組やドキュメントの記述から学びの様子をとらえて第2時を迎えた。

　対談を行うにあたり，以下のように話し手・聞き手・観衆・撮影者がめざすこと・行うことを全体で確認した。

> 話し手：聞き手の質問に答えながら，テーマについて考える
> 聞き手：質問で話や考えを引き出し，話し手の思いに迫る
> 観　衆：対談の様子（質問と答えのやりとり）を観察する
> 撮影者：対談の様子を Chromebook で撮影する

　また，対談後のフォームを用いたふり返りの際に，内容だけでなく，話し方・聞き方・進め方について評価できるように，以下の観点を事前に伝えた。

> □対談するときに，どのようなことに気をつけたか。
> □対談の中でどんな質問が有効だったか。
> □話し手は聞き手の質問で思いを広げたり深めたりしたか。

　なお，対談を行う4人組は，生活班をベースに男女混合で編制した。テーマに対する考えや思い，人間関係や「話すこと・聞くこと」の資質・能力など学習者の実態に照らして教師側の意図的な編制，あるいは学習者の「話したい・聞きたい」という願いをもとにした編制も考えられたが，授業学級の実態から生活班であっても十分に学習が成立するだろうと判断した。

　T生（聞き手）とS生（話し手）は，以下のように対談を行った。

（以下，学習者の発話そのままを再現。□□□はT生への聞き取りをふまえた教師のとらえ）

——こんにちは。

こんにちは。

——今回はＳさんに質問をさせていただきたいと思います。

> 場に応じて，普段とは異なる丁寧な言葉遣いで対談を始めている。

はい。

——えっとＳさんは，えぇ一応部活をやっているということで，えっと部活についての質問をやっていきたいなとは思っています。

はい。

——えぇじゃあ部活は何部に入っていますか（笑）。

> 対談という場を意識して，すでに知っている「何部に入っていますか」という質問をしている。

（笑）

——（笑）すいません。

バスケ部に入っていました。

> Ｔ生が決めていた唯一の質問。この後，どんな質問をするかは「話の流れ」で考えている。

——バスケ部。えぇじゃあそのバスケ部にやっぱり入ったきっかけというものは何ですか。

えっともともと，もともと小学生の頃，もともと運動神経はよくなかったんですけど，スポーツをしたいなと思ってて，中学になって。で，授業でバスケが楽しかった（笑）ということで入りました。

——じゃあ授業の中でバスケットの楽しさを知って入ったってことですか。

はい。

> 〔間〕を取って判断している。

——じゃあじゃこの３年間バスケをしてきて，やっぱり〔間〕ここはがんばったなみたいなそういう自分がやっぱり日頃がんばってきたものっていうものはありますか。

えっと先生，Ｍ先生がよく声を重視していたんで，なるべくいっぱい声出して，試合中とかも。盛り上げていきたいと思ったし，自分ができる限り，ま，１年生とか特にがむしゃらにやって，精一杯やるってことを意識した。

> 取材した情報を根拠にしている。

——一応，えぇなんか，僕の情報なんですけど，なんかＳさんが入ってきた当時は，なんか先輩たちが強かったみたいななんか情報があったんですけど，やっぱり次の自分が３年生になるときに少しなんかちょっとなんかプレッシャーとかありましたか。

めっちゃプレッシャーはありました。なんか先輩たちみたいにはなれないなって思って，不安でしかなかった。

> Ｓ生に応じて質問を考えている。

——あぁぁぁ。〔うなずく〕一応そのやっぱり１・２年生の支えがあったからこそ中体連とかがんばってこれたと思うんですけど，１・２年生への思いは何かありますか。

えなんかいろいろ気が強かったり個性的な人たちが多くて，でもなんかやっぱチームメイトみたいな仲良いところもあったり楽しいところもあって，そこはよかったなと思いました。

——じゃあえぇじゃ一応じゃ自分たちの学年の中でこういうところはよいなっていうのは，やっぱりどの学年やっぱり１・２年生の後輩よりかここがよいなっていうところはありますか。

えっと〔間〕私たちの学年は，そんな気が強，先輩たちがあのいろいろ強かったっていうのも

あって，そんな自分たちが主張するようなことはなかったんですけど，だからその分やらかすことも少なく，ちょっと平穏な方で。

——やっぱり，<u>助け合うってことが結構多いですか。</u>

そうですね。ため込まず話し合うっていうのが。

——ええじゃあええええっと１・２年生たちがやっぱり準備とかもしてくれたと思うんですけど，やっぱり自分たちが<u>１・２年生のときとかはやっぱり率先的に準備はしていた方ですか。</u>

自分たちのときは率先してやっていたんですけど，むしろ今年の１・２年は私たちも参加して，

——あぁあ。〔うなずく〕

強制的にじゃないけど，なんか私たちもやんないと間に合わない（笑）みたいな。

——あぁあ（笑）　えじゃあ<u>部活以外のやっぱり日常生活の中でやっぱりこういうところを意識していたから，やっぱりバスケのプレーとかにつながったなと思うところはありますか。</u>

えっとやるべきことはきちんとやって，ええその先生もよく生活がその試合のプレーに出るって言われたので，み，あのなるべくそのバスケのプレーによい影響ができるようなことを，

——<u>あぁあ。〔うなずく〕</u>

〔うなずく〕行動。

——<u>やっぱり日常の生活から，やっぱりプレー，バスケのプレーとかに響いていくということを，が，分かったので，ちょ僕もそこは参考にしていきたいなとは思いました。</u>

はい。

——ええじゃあ一応中体連が終わって，あとふきはら祭とかも終わって，一区切りしたんですけど，<u>やっぱりこれからもバスケはしたいなとは思いますか。</u>

えっと部活としてはじゃないんだけど，プライベートとかで，

——あぁあ。〔うなずく〕

いろいろバスケをやっていきたいなと思っています。

——じゃあ，ん〔間〕やっぱり自分たちやっぱり僕たちの代が〔タイマーが鳴る〕あ，ええっと１・２年生の頃は朝部活があったと思うんですけど，朝部３のときとかもやっぱり全力で取り組んでいましたか。

全力で取り組みました。でもとても疲れました。

——なるほど。ええじゃあ<u>今回</u>は，ま部活についてしっかりと知れたので，今回はありがとうございました。〔頭を下げる〕

ありがとうございました。〔頭を下げる〕

質問によってＳ生から引き出した先輩や後輩との関係に関わる話を根拠にして質問している。

部活動と日常生活のつながりについてＳ生の話を引き出し，自分自身と重ねている。

対談の終わりを念頭にした質問をしている。

対談時間は超過しているが，対談をまとめるコメントを添えて対談を終えようとしている。

　聞き手の質問の仕方によって対談が充実したものになることを伝えて，対談の流れを予想し，話し手が話す内容に応じて質問できるようにする。

　対談を行っている際には，聞き手の質問を中心に対談の様子を観察する。

(2)　対談をふり返って，Google フォームを用いて自己評価する（第2時）

　対談終了後，フォームを用いて以下の項目で自己評価する場を設けた。

1　話し手として，対談するときにどのようなことに気をつけたか 2　話し手として，自分の考えの更新につながったと思う質問 3　2の質問が自分の考えの更新につながったと思う理由 4　聞き手として，対談するときにどのようなことに気をつけたか 5　聞き手として，相手の思いに迫るために有効だったと思う質問 6　5の質問が相手の思いに迫るために有効だったと思う理由 7　観衆の立場で，話し手の思いに迫るために有効だったと思う質問 8　7の質問が話し手の思いに迫るために有効だった思う理由 9　対談をふり返っての感想・コメント

　T生は，自身の聞き手としての活動を以下のようにふり返った。

4　聞き手として，対談するときにどのようなことに気をつけたか T生：話し手が話して，その中で大切にしていることは何だろうとどれだけ聞けるかが難しいなと思いました。 5　聞き手として，相手の思いに迫るために有効だったと思う質問 T生：「それをやっていて一番大事にしていることは」 6　5の質問が相手の思いに迫るために有効だったと思う理由 T生：一番大切にしていることが分かれば，どんどんと具体的に分かるから。

指導のポイント

　学習者が必要に応じて対談の録画を視聴できるようにする。

(3)　教師との対話を通して，対談をふり返る（事後）

　対談中の判断について聞き取りを行うと，T生は以下のように答えた。

1　判断の主体性

2　目的に合った判断内容

3　判断の根拠の確かさ・視野の広さ

4　判断のスムーズさ

5　方法の適切性・くらべる観点・くらべられる対象

6　AIと判断する力

——録画で自分の話し方・聞き方を見ての感想

　自分と相手を比べながら，「自分はこういうことを大切にしているけど，相手はこういうことを大切にしているんだな」とか，探りながら質問しているというふうに見えた。

——「バスケ部に入ったきっかけ」と質問した意図

　自分がやりたいことに対して，絶対何かきっかけがあると思った。最初に思いついた質問がきっかけで，これを最初に質問しようと決めていた。

——「授業の中でバスケットの楽しさを知って入ったってことですか」と発言した理由

　次の質問の整理ができなかったので，Ｓさんの答えを確かめている間に頭の中で「次はどんな質問をしようか」と考えていた。（次の質問の前の間は？）そのときも質問を考えていた。

——「きっかけ」以外で考えていた質問

　話の流れで考えていこうと思っていたので，「きっかけ」以外は決めていなかった。

——「日常生活」に関わる質問をした意図

　自分もサッカー部で日常生活を大事にしていて，自分の経験から出てきた質問だった。

——「僕もそこは参考にしていきたいなとは思いました」と発言した理由

　自分も日常生活を意識していたけど，バスケ部から見た日常生活の大切さを自分にもプラスとして取り入れていきたいと思った。ただ聞いているだけではなくて，自分と重ねていた。

——自分として「相手の考えを引き出せた」と思う質問

　「日頃がんばってきたことは何ですか」という質問が，自分としては考えを引き出せたかなと思う。（なぜ？）Ｓさんが「声出しを大切にしている」と答えて，そこから次の質問に発展がしやすかった。

——質問を考えているときの様子

　質問が頭に浮かんできて，それを質問していた。（浮かんできたが，しなかった質問は？）なかった。Ｓさんの話を聞いて，実際にした質問だけが浮かんできた。「やっぱり」とか間を取ったりしている間に，頭の中で大体まとまってきて質問していた。

——Ｓさんが話しているときの自分の中の「聞く」と「次のことを考える」の割合

　Ｓさんには失礼だけど，４割は聞いて，６割は次のことを考えていた。４割は大体大事なワードだけを頭の中に入れておけばいけそうだと思った。そのワードから残りの６割は次のことを考えていた。（普段もそういう聞き方をしている？）授業で自分から話さないときは100集中して聞いている。日常会話は４割よりは聞いている。次のことを考えながら聞くという聞き方は，対談で初めて意識した。

——活動の満足度・自己評価

　「じゃあ」とか「えぇ」とか言っているのがよくない。もっとすんなり受け応えしたいと思った。（内容としては？）運び方は結構できたと思う。日頃友達と話しているときでも，相手が伝えようとしていることやどこが大事か分かるように聞こうと思えるようになった。

> 学習者とともに録画を視聴し，対談中の判断について聞き取りを行う。
> 聞き取りを行う際には，学習者の判断の根拠を自覚できるようにする。

5 評価の実際

　本単元では学習者の「瞬時の判断」が求められたが，話し手・聞き手ともに話しながら聞きながら，その場で判断し対談を行っていた。Ｔ生はＳ生の思いを受け止めると同時に，対談の流れを意識しつつ話を聞き，目的とその場の雰囲気に応じて，考えを引き出す質問，具体を尋ねる質問，対談を総括する質問などを考えて，対談を運ぼうとしていた。特筆したいのは，用意していた質問を重ねていくのではなく，Ｓ生が話す内容に応じて質問を考えていたということである。教師による聞き取りによれば，Ｔ生は「４割は聞いて，６割は次のことを考えて」瞬時の判断を重ねたという。Ｔ生の瞬時の判断は自身の質問に答えるＳ生の発話により生み出されていて，Ｔ生は確かな根拠を伴って判断したということが見えてきた。対話場面ではその事中に判断の様相を自覚することは難しいが，映像の活用や教師との対話によって判断の中身や根拠をふり返ることができる。

（藤井　篤徳）

> ### 実践へのコメント
> 　学習者各自が ICT 端末をもつことにより，これまで扱いが難しかった音声言語学習，とりわけ対話指導におけるふり返り活動の充実は著しい。本実践では「質問」の適切さ（瞬時の判断）や有効性を検証するうえで，学習者自身が対談の録画を視聴したり，教師がその場の判断について聞き取りをしたりしている。これにより，学習者が話の流れによって考えた質問がより深い対談を生み出したことを実感できている。今後，インタビュー型ではなく，同一テーマについて論じ合うような対談にまでその範疇が広がることを期待したい。
>
> （村上　博之）

3 単元名：私にとっての意味（小学6年）
教材名：「大切にしたい言葉」「今，私は，ぼくは」（光村）

共有と推敲で「表したかったこと」を考える

1 単元設定の理由

　6年生2学期を迎えると，多くの学校で卒業文集の作成が行われる。卒業文集を綴るねらいの一つには，「今の自分が大事にしていること」を言語化すること，二つにはそれを読み合って学校やそこでの学びが自分にとってどんな意味があったのかをとらえなおすことが挙げられる。相手意識が曖昧に書かれるエッセイだが，本単元では「卒業文集の想定読者と，それぞれにとっての文集を読む目的」を整理すること，発行前に作品を読み合う時間をもつことで，自身が表したかったことは何かをとらえなおすことを意識した。

　本書第2章にもあるように，書くことの学習過程の随所で「見通す・見返す・見渡す」といったメタ的な判断を行うことで，作品の言葉が学び手独自の意味をもったものとなっていくことが指摘されている。「一度立ち止まって書きたいことを見渡す」ことは，判断の根拠を確かめたり，判断の前提となる視野を広げたりすることで，その質を高めようとするものといえよう。本実践では，一度書き上げたものを共有し，推敲することの意味に着目する。

2 単元の目標

（　知・技　）(1)オ　表したいことに合わせ，語感や言葉の使い方を意識する。
（思・判・表）B(1)ア　自身の経験を関連づけ，表したいテーマを意識する。
（　主体的　）他者の感じ方や表現をもとに，自身の表現や自分にとっての意味を耕そうとする。

3　単元計画（全11時間）

次	主な学習活動	手立て○・評価◆
1	①～③先輩の作品を参考に，自分のプロットやテーマを考える。 ・題材の設定 ・目的・効果の確認 ・情報の選択 ・これで作文が書けるかという見通し ＊複数のモデルから自分に合うフレームを探していく。	○複数のモデル文のよさから文章のフレームを考える。 ○プロットをスライドにメモしていく。 ◆プロットをどの程度具体的にイメージしているか。
2	④～⑦プロットやテーマを意識しつつ，自分の考えを文章にする。 ・どのような体験や事例を書くか ・書き出し，結びの想定 ・筋道が通る順序か ・何をテーマとするか ＊スライドにプロットをまとめてみて，構成やテーマについて考える。	○二つの事実を具体的に記述し，その関係から文章のテーマを考える。 ○文章全体を見通して，書き出しや結びを考える。 ◆テーマを意識した記述になっているか。
3	⑧～⑩作品を読み合い，言葉の表す意味や表し方を話し合う。 ・題名をどうするか ・語句の意味や選択はこれでよいか ・情報・資料の不足はないか ＊他者の作品をもとに自分の作品を見直す。	○テーマと表現の関係について話し合う。 ○文章の主題についてそれぞれの考えを話し合う。 ◆ふり返りの記述でどんな観点を意識したか。
4	⑪最終校正し，入稿する。 ・ここまでをふまえ，修正すべき事柄を選び，判断する。	○表したいことを意識して，どの語句や表現を選択するか。 ◆何を修正したのか。

4 指導の実際

(1) 先輩の作品を参考に，プロットを考える（第2時）

① 作品の共通点から書き方を意識する

　学習者は，エッセイという表現形式は経験しているが，1500字という文章量は，これまでよりもボリュームがある。そこで，先輩の作品を読みながら卒業文集のイメージをもつ時間を設けた。複数のモデルから自分のお気に入りを選び，それが「どう書かれているか」を検討することで，基本プロットを抽出するようにした。3時間で取り上げた3作品の特徴を表1に挙げる。

表1　先輩の作品の特徴

作品名	題材	テーマ	事例1	事例2	特徴的な表現
①物語る	物語づくり	没頭すること	5年のPJ（物語）	6年の文集（エッセイ）	自分語り・黒歴史
②プロジェクトでの協働	PJ型活動（ジオラマ）	協働の条件	ジオラマづくり	普段の生活	背伸びした言葉選び
③ブロッコリーの花	うまくいったPJ*・いかなかったPJ	いろいろな可能性	5年のPJ（ゲーム）	6年のPJ（マンガ）	暗喩・引用

　どの作品がお気に入りか，どんな表現がうまいと感じたか，理由を取り上げながら書かれ方のくふうを整理していった（＊PJは，総合的な学習の時間で行う自分の関心をもとにしたプロジェクト型活動の略である）。

　T：どっちの作品が好き？　その作品のいいところに線を引いて教えてください。

　C：いろんな方向に伸びるが花が咲かないブロッコリーを，比喩的に使っているのがすごい。

　C：ブロッコリーの花で始まって，ブロッコリーの花で終わるのがうまいと思いました。

　C：「ポエムのような物語を文集に出し，黒歴史をつくり出すこととなった」って，自分の黒歴史を書いているところがすき。

　T：じつは，どの作品でも共通してくふうしていることがあるんだけど，それは分かるかな？

　C：自分のよくないところを，あえて書いているところ。

C：ブロッコリーとか，黒歴史とか，書き出しで読者の関心を引くみたいな。

指導のポイント

　３作品の共通点として，自分にとっての意味（作品の主題）を表すために二つの出来事（事例）を取り上げ，二つの関係性から自分にとっての意味を考察していることが確認された。そこで，この整理をもとに卒業文集の基本プロット（図1）を示した。

> まくら
> 事例1
> 事例2
> 自分の考え
> おわりに
>
> 図1　基本プロット

(2)　プロットを意識しつつ，自分の考えを文章にする（第5時）

　基本プロットが示されても，すぐに文章を書き始められるわけではない。この先は，構想と叙述の段階が入り混じりながら展開していく。この段階では，⓪他の文集からモデルを探す，①スライドにプロットを立てつつ，イメージを言葉にする，②プロットを立てながらテーマを考える，③「はじめ」や事例から，何となく書き出してみる，などの姿が見られた。

①　Google スライドにプロットを整理する

指導のポイント

　図2は，リカがこの段階で作成したプロットの一部である。作品を形づくる要素はまだ並列的で，それぞれの関係性は示されていない。自分にとっての意味（作品のテーマ）が，初めから浮かんでいる子は少数派で，多くは二つの事例を書いてみて，そこから共通性や対比の関係を見いだしながら，テーマを意識していく。二つの事例から作品にどんなテーマを乗せるのかによって，まくらやおわりの書き方が変わってくる。

図2　リカのプロット

(3) 作品を読み合い，書かれたことの意味を話し合う（第9時）

　作品が書き上がると，推敲した後に書き上がったものを共有し，それぞれのよさに目を向ける展開となるのが一般的である。本単元では，その順序を入れ替え，友達の作品を共同で推敲する場面を設けることによって，自分の作品をどのように仕上げるかを考えることとした。

① 書き手の意図を聴いて代案を考える

　ユウヤは，途中から参加した「畑の環境を変えよう PJ」が心地よかったことを綴っていく。「進化」「道具」「冒険」などのキーワードが連立していて，言いたいことがたくさんあるのは分かるが，どのキーワードについても説明不足で，何を伝えたいのかがはっきりしない。

　また，自分たちで作った池の様子をイラストで表していたが，本文中にイラストが入れられないため，文章で描写して表していく必要がある。

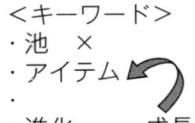

```
＜キーワード＞
・池　　×
・アイテム
・
・進化　　成長
「池作りで手に入れたアイテム」
```

図3　話し合いメモ

　ユウヤに質問しながら，それぞれの段落で表したかったことを聴いて代案を考える展開とした。

> C：私たちは題名について考えました。それで，たくさんあるキーワードの中から，大事なものを選んでそれを組み合わせて題名にしたらどうかということになりました。
>
> C：進化とか成長とか冒険とか，RPG みたいなキーワードが多いなってことに気づいて，ユウヤはゲーム好きだし，RPG 風にまとめてみるのはどうかって意見が出ました。
>
> C：で，この辺のキーワードを使って作った題名が，「池作りで手に入れたアイテム」です。
>
> T：ユウヤ，どう？
>
> ユウヤ：これは，いいと思う。

> 文章に綴ることが得意ではないユウヤは，「ここではどんなことを書きたかったのか？」という質問には応答できるが，それを文章として綴ることが難しい。そこで，挙がった質問に対して「自分だったらどう表現するか」という代案を，グループごとに検討する展開とした。「池作りで手に入れたアイテム」という題名は実際に採用されている。

② それぞれの価値観を言葉にする

「自由」というタイトルに対して「勝手」というキーワードを置き，自分が自由を行使する限り，他者に迷惑をかけないことは不可能であることから，「みんな勝手しか行うことができない」と結論づけるダイキのエッセイは，自由と勝手の境界線を考えたくなる書かれ方がされている。

図4 話し合いメモ2

このテキストをもとに互いの引っかかる言葉について話し合うと，「ルール」「約束」「法律」の違いについてベン図に整理していく展開となった。

C：(ベン図の) はみ出てるところは……ダイキくんの言葉を借りると，「勝手な」ということ。法律の中での自由ではないわけだから，人間みんな平等だとすると，みんなは平等な法律という範囲の中で生きている。ゲームは何時間とかは自由だけど，法律から外れたりすることは勝手なんじゃないかな。

T：ダイキの言っている自由は，「勝手」というカテゴリーに入っている。

ダイキ：自分の場合，勝手じゃない自由はないんですよ。辞書には，自分の思うままに振る舞うから，他人のことをふまえると，自分の思うままじゃなくなっちゃう。相手に迷惑をかけないで自由を行うことはできない。そうすると，自由は勝手になると思う。

T：ルールの中で行える自由なんてない？

C：いや，ある。

> ダイキが最後に修正したのは，~~だから僕には，勝手しかできないのだと思います。~~（削除部）の一文だけである。しかし，「人間は勝手しかできない」と結論づけていたダイキが，「僕は，勝手と自由の境目を見分けるのは，かなり難しいことだと思います」と書き直したことの意味を大事にしたい。これは，対話を通してダイキが導き出した「判断の確かさ」ととらえることもできるだろう。

【資料】

題名：池作りで手に入れたアイテム（ユウヤ：推敲時の削除部と加筆部）

　僕は最初，西門プロジェクト（以下 PJ）でしたが，途中から「畑の環境を変えよう PJ」に入ることにしました。この PJ に入った理由は，西門を開けられる気がしないことと，西門プロジェクトはゴールが遠いからその分情報を取って「絶対に西門を開けてやる」という思いが強く，ピリピリムードになることが多かったからです。「もし池 PJ も同じようだったらどうしよう」と心配しながら PJ に入りました。けれど池 PJ は雰囲気がよく，みんなで協力していたから「ここのプロジェクトってみんな仲が良いなー」と思いました。

　自分がこの PJ に入った時，池はまだ水の入っていない大きな穴のような状態だったけれど，木を刈ったりプールシートをおいたりして，本格的な池へと，~~なり~~だんだん「進化」していきました（RPG 風に）。

　このことから自分は，人間も同じように「進化」していることを学びました。~~（クオリティが上がった）~~。例えば，赤ちゃんの時は積み木や砂で家を作っているけど，大人になっていくにつれて色々な「道具」が使えるようになり，最終的には今みんなが住んでいるような家を作ります。こんな感じで人間は「道具」と「経験」を使って「進化」をしていくんだなと思いました。
（中略）

　ベンチを作るための素材を探しに「冒険」に行ったら，何と低学年のころに使っていたサークルベンチを見つけました。そのベンチを二本の柱にかけて空中ベンチを作り，~~ベンチを使ってベンチを作って，~~自分のイメージ以上の池を作る事ができました。

　このようにぼくは西門プロジェクトから畑の環境を変えよう PJ に移り，チームのみんなと一緒に「道具」「経験」「冒険」というアイテムを使って，良い池を作ることができました。

5　評価の実際

　最後に，これまでの対話をもとに自分の原稿を校正する時間を設けた。すると当該学級では，約半数が PC で文中の表現をいくつもの箇所で修正していた。例えばユウヤの場合，本文を構成する要素は大きく変わらないが，共有での意見を受けて「RPG の物語のように」という作風を意識し，「みんなと一緒に『道具』『経験』『冒険』というアイテムを使って，良い池を作ることができました」とまとめている。これは，時間をおいて自分の書いた作品を「見返し」，他者の姿を媒介に自分の書きたかったことを「見通した」結果といえるだろう。

　「端末を使って文章を綴る」ことで可能になった「推敲」と「共有」の入れ替えが，他者の声をもとした視野の広さ，自身の主張を明確にした判断の確かさにつながっていくことが見えた事例である。　　　　　　　　（岡田　博元）

> **実践へのコメント**
>
> 　作文は，何を（テーマや主張，事例の内容等）どのように（構成，価値や意味づけ，言葉選び等）書くか，さまざまな判断を随所で行う学習活動である。本実践では，未完成の作品を共有し，共同推敲したことで自分の思いや考えを明確にし，より確かな判断のもと作品化していく過程が示された。ダイキやリカの例では，他者の異なる視点を得たことを根拠として，自分なりの考えを論理的に判断して見つめなおしている。また，ユウヤの例では，自分では文章化できなかった内容を，他者が意味づけた表現を根拠として，感性的思考を働かせて判断し，自分の表現にまとめることができた。作品の共有を経て，時をおいて読み返すことにより，自身の作品を客体視してとらえなおせたことが，判断の確かさを増す要因になったと考えられる。
>
> 　　　　　　　　　　　　　　　　　　　　　　　　（片山　守道）

4 単元名：物語の展開の仕方をとらえる（中学3年）
教材名：「握手」（光村・三省堂）

回想に着目して判断する

1 単元設定の理由

　読むことの学習過程の中で，判断する力と深まりを確かで強固なものにするための観点として「③判断の根拠の確かさ・視野の広さ」を重視した。「握手」は過去と現在の往還の物語と感じ，「身体」表現に注目することが多い教材である。本単元では学習者が作者のさまざまな仕掛けがあることに気づき読みが深まり，作者の伝えたいことを理解できると期待した。読みの深まりを「初発の感想」から「読後の感想」まで比較することで分析した。授業の「個・グループ・一斉」の活動を経て読みの深まりの影響をプリントやロイロノート・スクールでいかに「判断」しているのかに注視した。判断する視点としては「1　構造と内容の把握」「ウ　時間や事柄の順，段落どうしの関係やつながりはどうなっているか」，「2　精査・解釈」「ウ　構成や展開はどうか」（回想など）も意識した（本書31頁参照）。

2 単元の目標

- 知・技　(1)イ　理解したり表現したりするために必要な語句の量を増し，語感を磨き語彙を豊かにすることができる。
- 思・判・表　C(1)ア　文章の種類をふまえて，物語の展開の仕方などをとらえることができる。
- 主体的　言葉がもつ価値を認識するとともに，読書を通して自己を向上させ，我が国の言語文化に関わり，思いや考えを伝え合おうとする。

3 単元計画（全5時間）

次	主な学習活動	手立て○・評価◆
1	①本文を通読し，全体の構成と内容をとらえ，初発の感想を書き，交流する。	○全体の構成と内容の理解をする。 ◆自分の初発の感想の表出と共有をしているか。
2	②ルロイ修道士の特徴的な仕草とその意味をとらえ，握手の仕方に着目して，ルロイ修道士の変化を整理する。 ③ルロイ修道士の台詞に注目して，ルロイ修道士の心情をとらえる。	○ルロイ修道士の特徴的な仕草「指文字」「握手」の意味をとらえる。 ○ルロイ修道士のメッセージ性のある台詞に注視する。 ◆ルロイ修道士の「仕草」「握手」「台詞」などから心情をとらえることができたか。
3	④ルロイ修道士が病気ではないかと感じた「わたし」の言動について考え，最後の場面の「わたし」の心情をとらえ，感じたことを交流する。 ⑤「握手」の展開・構造や「回想」の特徴をとらえ，他のグループ・ペアの意見を聞いて，交流し，読後の感想を書く。	○最後の場面について考えさせる。 ◆作品について理解が深まったか交流し，個人の読みの深まりを読後の感想に書くことができたか。

4 指導の実際

(1) 本文を通読し，全体の構成と内容をとらえ，初発の感想を書き，交流する（第1時）

① 全体の構成と内容をとらえる

「握手」の段落構成を押さえ，段落ごとに時制が異なっていることや同じ段落の中でも時制が異なっていることを確認した。「握手」には「遠い過去」「近い過去」「現在」の三つの時間が存在し，回

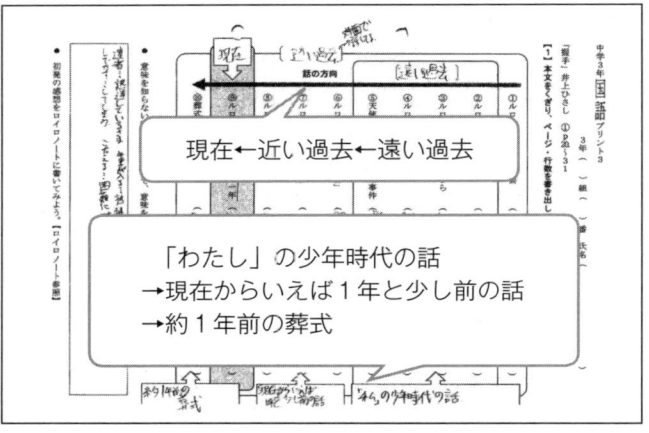

現在←近い過去←遠い過去

「わたし」の少年時代の話
→現在からいえば1年と少し前の話
→約1年前の葬式

想という形で過去の話が挟み込まれるなど，学習者は時間の順序が組み替えられていることに気づいた。「初読」の段階で「握手」の「構成」を意識して「内容」をとらえることをねらいとしていることに気づく学習者はまだ多くはなかった。

　指導のポイント

　教師が時間を観点にして本文を区切り，全体の構成と内容をとらえるように促すためにワークシートで時制の確認を行った。時制は場面ごとに交互に変化し，特に最後の場面の時間の経過が入り組んでいることを明確にした。

　時制に着目することで「回想」の手法に気づくこと，最後の場面が複雑な時制であることが第4時の活動につながることを伏線として伝えた。

② 初発の感想を書き，交流する

　ロイロノート・スクールに初発の感想を書く活動を行い，回想に触れた学習者は140名中29名であった。「回想を交えつつ感動的に表現」といった表層的なとらえや「この文章は現在と過去が交錯しているので，プリントに書いてまとめないと今の話なのか過去の話なのかが分かりづらく少し読みづらかった」のように多くが読み取りやすくするための手段としてのとらえであった。全面的に理解が深まったというものよりも「戸惑った」「分かりにくかった」といった表現も多かった。140名中7名のみが「回想」という手法の具体的な効果について言及し「興味をもった」といった感想を述べているにすぎない。

　　指導のポイント

> 　「時制」が入り組んでおり「回想」が織り交ぜられることに気づいているか「初発の感想」から探し出して分析を試みた。舞台設定に注目して物語のエピソードに入り込めるという感想や，初めから終わり，過去の話と現在の二人の会話など「時制」の複雑さに気づく表現を見いだすことができた。

C：握手　初発の感想　（抜粋　筆者）（下線部筆者）

・舞台が「ほぼ人がいない料理店」であるところが，二人の再会の神聖さ，大切さ的なものを感じさせて実際に見ているかのように入り込んで読めた。

・初めは元気そうなルロイ修道士だったが，読んでいくと体が悪そうだと分かってきて，もしかしたら最後の会話になると想像すると，この再会は「おお～！　久しぶり」と気軽に言えるような明るいものではなく，深刻なものだったんだなと感じた。

・昔強かった握手が現在は優しいものになった部分が，時が経つと変化は必ず生じるから，その変化は寂しくても受け止めていかないといけないものだと思った。

・物語の初めから終わりまで，「わたし」の再会の嬉しさ，ルロイ修道士の体の心配など，さまざまな感情変化がみられて面白かった。

・過去の話が多い中，現実の二人の会話も丁寧に表現しているのがすごいと思った。

(2) ルロイ修道士が病気ではないかと感じた「わたし」の言動について考え，
　最後の場面の「わたし」の心情をとらえ，感じたことを交流する（第4時）
① ルロイ修道士が病気ではないかと感じた「わたし」の言動について考える
　学習者にアンケートを行い，「読後の感想」の参考にした資料は，どのような活動であったかということを探った。有益な活動としてプリントで「わたし」と「ルロイ修道士」の最後の場面の感情を読み取った学習が指摘された。

授業後のアンケートより

❶ 「初発の感想」を書いてから「読後の感想」を書くまでの間にどんな学習を一番参考に「感想」を書こうと「選択」しましたか？

「最後の場面」の自分の分析が「読後の感想」に生かされている。(アンケートより)

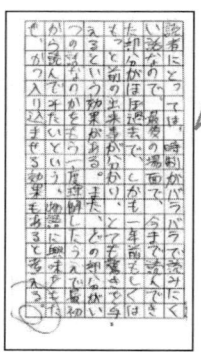

読者にとっては，時制がバラバラで読みにくい話なので，最後の場面で，今まで読んできた部分がほぼ過去で，しかも一年前もしくはもっと前の出来事が分かり，とても驚きを与えるという効果がある。また，どの部分がいつの話なのかをもう一度理解したうえで最初から読んでみたいという，物語に興味をもたせ，かつ入り込ませる効果もあると考える。

❷ 今回，あなたが感想を書こうとしたとき，「具体的にどのように判断していた」のですか？

・例えば，ルロイ修道士に病気か尋ねるかどうかの「わたし」の葛藤が表されていると考えたら，それは他の人も同じことをいっていたかなとホワイトボードや班の人の意見を参考にして書く（打つ）かどうかを判断した。

❸ あなたが感想を書こうとしたときの判断基準は何ですか？

・他の人の意見で同じものが出ているか。
・実際に自分が考察した，人物の心情が正しかったと仮定し，それを当てはめて文章を読んでも不自然ではないかということ。

② 最後の場面の「わたし」の心情をとらえ，感じたことを交流する

　アンケートの中に『「新たな心情が分かった」ことによって，自分に「物語に深く感情移入できる」という影響を与えたという最終的な感想』という表現がある。ホワイトボードの記述をよりどころにして，感想を書いた。

　ルロイ修道士との天使園での遠い過去の思い出に注意して，頭に入れてから上野のレストランの２人の会話を読むとなぜわたしがその発言をしたか等が読み取れて感情移入がすごく簡単になる。

⇒これは「心情」を読み取ったうえでの感情移入だと思った。（学習後に付した学習者のコメント）アンケートより

　このホワイトボードを「参考」にして「読後の感想」に「感情移入」という表現を「選択」する「判断」がなされている。

　指導のポイント

　学習者にとって「初読の感想」から「読後の感想」を書くうえで，その間に行われた学習活動のどの部分が「読みの深まり」のきっかけとなり，影響したのかをアンケートで分析した。「回想」の手法による「遠い過去」「近い過去」といった「時制」を意識した読み取りや，他の班が気づいた「感情移入」という言葉を共有する活動を経ることが大切であったことがアンケートにより明らかになった。単なるエピソードを追うだけでなく，「回想」という手法を用いて作品を読み進めることで，登場人物に感情移入をすることができ，作品の読みが深まり，新たな心情の理解も深めて「読後の感想」の中に自分の「読みの深まり」を実感している様子が伝わってきた。

「握手」の展開・構造や「回想」の特徴をとらえ，他のグループ・ペアの意見を聞いて，交流し，読後の感想を書く（第5時）

① 読後の感想を書く

> 【読後の感想】（抜粋　筆者）（下線部筆者）
>
> ・授業で時制をまとめたり，一つ一つの行動の意図をまとめたりすることで，話の全貌が分かってきた。そのとき僕は，「もう一度しっかり深く読んでみたい！」と思った。（中略）回想が多すぎて，かつ，いつの話か分からなかったので丁寧に考えるほど，一から読み直してみたいと思えた。この物語は，人に興味や読む意欲を与えてくれるような役割をもったすごいものだと感じる。また，授業をふり返り，❶再び読んでみることで，登場人物に感情移入することができた。（中略）こうすればいいのに，今はルロイ修道士はこんな気持ちなんだよと，登場人物に直接伝えたいような感覚になった。それほど物語の中に入り込ませるようなお話だった。
>
> ・回想シーンは，❷遠い過去のルロイ修道士の力強い行動と近い過去の弱々しい行動を比較し，変化をとても明確に表していた。ここからも，物語の切なさが伝わってきた。ここは，すごい前の話だったのかと分かると，「つまり，近い過去のときのルロイ修道士はこんなか弱いんだ，『わたし』が察している（と思った）ルロイ修道士は病気なのかもしれないという説はほんとに合ってたかもしれない」とより深く考えることができた。

　❶物語をより深く読んで，「深く入り込める」という感想に至るまでの経過を含んでいて，感情移入したと述べている。

　❷「近い過去＋遠い過去」が効果を生んでいるという他の班の人の考えをもとにしたと述べ，新発見だったようである。

　指導のポイント

> 　ある学習者は「新発見」＝「時制などが完璧に理解できていなかった初発の感想と比較し，この学習を通して新たに発見したもの」を読後の感想を書くときの参考にしていた。その学習者のアンケートには「その新発見した心情，変化＝読後じゃないと分からないものだから」とあり，これが「読後の感想」を書く際に重要なポイントになっている。"新たな心情が分かった"ことによって，自分に「物語に深く感情移入できる」という影響を与えた"とアンケートに記されている。「回想

が多すぎて，かつ，いつの話か分からなかったので丁寧に考えるほど，一から読み直してみたいと思えた。この物語は，人に興味や読む意欲を与えてくれるような役割をもったすごいものだと感じる」とあるように，何度も読み返すことで「新発見」に気づく，ということにたどりつけるような指導をねらいとしたい。

5　評価の実際

判断の深まりの観点の「③判断の根拠の確かさ・視野の広さ」（本書14頁）はある学習者の初発の感想，最後の場面の分析，交流でのホワイトボードなど，学習活動の全てにおいてその根拠や視野の広さを実感することができた。学習活動の交流の中で見いだした「感情移入」という言葉を「選択」し具体的な表現で読後の感想に記している様子も見られた。次回の実践では，授業の最初からこれらの部分を詳細に評価していきたい。

（菊地　圭子）

実践へのコメント

授業を通して一人一人が作者の仕掛けた文章のくふうに気づき，意見を交換し合った教室では，さまざまな読みが飛び交っている状態となる。その中から，自分にとって妥当である意見を選択し，根拠の確かさを吟味し，自分の読みとしていく過程を分析した菊地氏の取組は，「判断」という見えづらい思考を明確にした点で画期的である。「握手」における最終場面は，読者に今までの内容がすべて回想であったという驚きを与え，作品の印象的な構成づくりに欠かせない部分である。身体表現と回想という「握手」にとって大切な二つの要素をこぼすことなく取り上げ，物語の構造を把握し，解釈するうえで役立っていることがよく感じられた実践である。

（高木　佐和子）

デジタル1枚ポートフォリオで「判断のスムーズさ」をとらえる

1 単元設定の理由

　本単元では，「読むこと」の判断する視点として，**「物語の魅力に関する考えの形成」**を評価する。考えの形成においては，単元のまとまりの中で，**学習者の思考－判断－表現の流れが円滑であったか，また，その流れを促進させるような「判断」の適時性はあったのか**という点から「判断のスムーズさ」をとらえていく。そのために毎時間，個人探究課題（めあて）と授業で一番大切だと判断したこと（ふり返り）を記入するデジタル1枚ポートフォリオ評価シートを用いた。このデジタルOPPシートは，時系列に自己の判断をメタ認知できる点やデータ共有により教師や他の学習者からの形成的評価を容易に行うことができる点から「判断」を質的に深められる有効な方法だと考えた。

2 単元の目標

- ⟨ 知・技 ⟩ (1)ケ　文章を朗読することができる。
- ⟨ 思・判・表 ⟩ C(1)エ　人物像や物語などの全体像を具体的に想像したり，表現の効果を考えたりすることができる。
- ⟨ 思・判・表 ⟩ C(1)カ　文章を読んでまとめた意見や感想を共有し，自分の考えを広げることができる。　　　　　　　　　　　　　　　＊重点目標
- ⟨ 主体的 ⟩　自分の考えを広げようと，粘り強く自己調整しようとする。

3 　単元計画（全12時間）

次	主な学習活動	手立て○・評価◆
1	①〜③「大造じいさんとガン」の物語の魅力について，個人探究課題を決める。 ・初読後，個人で発見した魅力を３枚付箋に書く。 ・魅力おすすめ会❶をする（生活班で交流）。 ・物語を大まかにとらえる。 ・個人探究課題（深めていきたい魅力）を一つ決めて，付箋に書く。 ・一つの模造紙にカテゴリー別でまとめる。 ・魅力おすすめ会❷をする（同課題グループで交流）。	○デジタル OPP シートで学習者の判断を見取る。 ○同課題グループ同士で交流する様子をタブレットで録画させる。 →◆学習者 A 適時性あり　　　＊指導の実際(1) ○椋の他作品を教室に用意する。 →◆学習者 B 適時性あり　　　＊指導の実際(2)
2	④〜⑨「大造じいさんとガン」の物語の魅力について，自分の考えを広げてまとめる。 ・課題ごとに分かれて，優れた表現から具体的に想像したり表現の効果を考えたりして深める。 ・優れた表現から，全体で聞き合い交流する。 ・魅力おすすめカードをまとめる。 ・魅力おすすめ会❸をする（異課題グループで交流）。	○デジタル OPP シートで学習者の判断を見取る。 ○魅力おすすめカードを用いて交流させる。 →◆学習者 A と学習者 B の魅力おすすめカードから，「判断のスムーズさ」あり 　　　　＊指導の実際(1)・(2)
3	⑩〜⑫自分が紹介したい物語の魅力について，自分の考えを広げてまとめる。 ・紹介する本の魅力おすすめカードをまとめる。 ・魅力おすすめ会❹をする（学年と４年生で交流）。	○デジタル OPP シートで学習者の判断を見取る。 →◆学習者 A と学習者 B の単元前後の変容のまとめの文章から，

1　判断の主体性

2　目的に応じた判断過程

3　判断の構築の確かさ，思考の広さ

4　判断のスムーズさ

5　方法の適用性　くふうの見られる判断

6　ねらいと判断する力

3	・デジタル OPP シートに単元前後での変容をまとめ，単元全体の学びを交流してふり返る。	「判断のスムーズさ」あり ＊指導の実際(1)・(2)

4　指導の実際

(1)　同課題グループ交流により「判断」の適時性が見られた事例

○学習者Ａと学習者Ｅの問い「『らんまんとさいたスモモの花が，……はらはらと散りました』の表現が，情景描写として大造じいさんの心情を表しているのではないか」

> 「同課題の学習者同士を交流させると考えが広がるはず」と教師が見取り，活動を設定する。

①　学習者Ａのグループ交流の録画より（第3時）

学習者Ｅ：私は，どうしてスモモの花なのかなと思って，スモモの花言葉を調べてみました。「責任をもつ」という意味があって，大造じいさんが責任をもって残雪と冬を過ごしたことを表しているんじゃないかな。

学習者Ａ：あー。めっちゃいいですね。私は，このスモモの花について詳しく考えていなかったんですが，どちらかというと，冬に咲いている花じゃないとしか思わなかったんですけど。花言葉を聞いたら，私の問いともつなげられるなと今，思いました。

> 流れが促進

> 学習者Ａの問いが交流によって深まった瞬間。また，「言葉の意味を調べる」という判断がスムーズさを生み出している。

学習者Ａ：あと，もう一つ私の中にずっと問い（第1時に発見した魅力に対しての問い）があって，なぜ，数ある色の表現の中から「くれないにそめて」にしたのか。くれないを今，辞書で調べてみると，「くれないは，赤よりより深い色」という意味があって，残雪の頭領としての威厳や堂々たる態度が深いという思いがあったのではないかと分かりました。

1 判断の基準

2 同じ判断をしそうな人を

3 考える過程

4 判断のスムーズさ

5 今までと違う自分

6 一人で判断する場面

② 学習者AのデジタルOPPシートより（第3時）

　私は，今回，学習者Eと交流して，同じ問いだったけど，注目するところが違うだけで結構，（お互いの考えが）変わっていた。私は「はらはらと」というところに注目していて，学習者Eは「スモモの花」のところに注目。学習者Eはその問いについて，（スモモの花言葉を）深く調べていて，**私は確かに花言葉を調べたらその意味などが分かるからとてもいい案だなと思いました**。そして，私は「はらはらと」で大造じいさんの気持ちも表しているんじゃないのかなと思いました。（中略）（デジタルOPPシートで学習者間評価する中で）私はこれについて，**一度飼いならしたガンの話を思い出しました**。ガンを一度飼いならしたとき，野鳥としての本能を長い間飼いならされていたからなくなっていたのを大造じいさんは思い出したから残雪も大丈夫かなという思いがあって気持ちのはらはらというのもあるんじゃないのかなと思いました。そして，二つ目の「散りました」というものは残雪に対しての憎しみや，忌々しい思いが散ったんじゃないのかなというふうに思いました。

> 授業後のふり返りにも学習者Eとの交流の出来事を記入。ふり返りの中で，学習者Aの「判断」の詳細を見取ることができる。

> デジタルOPPシートを学習者間評価する中で，深めたい表現を人物像や物語の全体像とつなげて具体的に想像することで，さらに考えを広げている。

③ 学習者Aの魅力おすすめカードより（第8時）

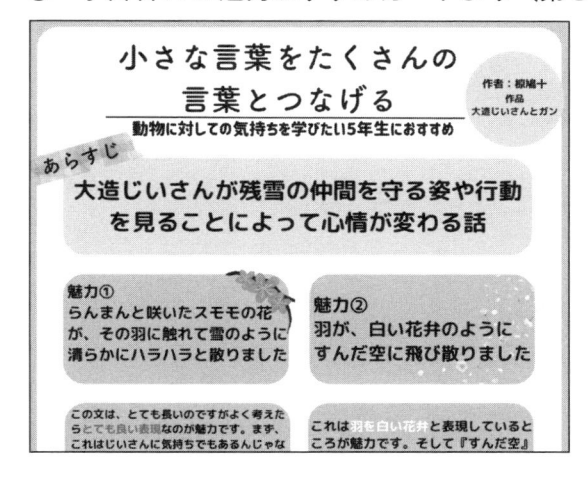

> 最終的に，沢山の言葉（優れた表現）をつなげて考えることで大造じいさんの心情を具体的に想像できることに面白さ（魅力）を感じ，おすすめしている。

> 第3時に「判断」した個人探究課題の魅力を第8時におすすめしていることから，単元のまとまりの中で，学習者Aの「判断のスムーズさ」がうかがわれる。

④ 学習者 A のデジタル OPP シートより（第12時）

私は，この単元を通して，（中略）「小さな言葉に隠された意味があるのでは？」と自分で言葉の意味を考えることができるようになりました。

> 単元前後の変容のまとめの文章からも，第3時の「判断」の適時性からの「判断のスムーズさ」がうかがわれる。

指導のポイント

・同課題同士でグループ交流をさせたこと。
・デジタル OPP シートに，具体的に自己の変容を記入させたこと。

(2) 椋の他作品を置いた環境により「判断のスムーズさ」が見られた事例

① 学習者 B のデジタル OPP シートより（第3時）

僕は，次に深めたい問いは，「なぜ，この椋鳩十さんがガンを中心にして物語を書いたか」です。この椋鳩十さんは動物中心のものを書いていて，その中でも，なぜ，ガンというものにしたのか不思議でした。だって，群れの頭領とかを表すのだったら他にもいるはずなのに，ガンを選んだのはなぜかと思いました。（中略）それを調べていきたいと思いました。

> 「学習者 B は，普段からよく読書をする学習者であり，椋の他作品を図書室から教室に置くことで，さらに考えを広げるはず」と教師がデジタル OPP シートから見取り，次の日に教師から学習者 B に環境づくりを提案する。

流れが促進

> 学習者 B は，この提案を喜び，一緒に環境を設定。この日を境にして，休み時間に椋の他作品を読むようになる。学習者 B の問いが環境によって深まった瞬間。また，「椋の他作品を読む」という判断がスムーズさを生み出している。

② 学習者 B のデジタル OPP シートより（第4時）

僕は，この作者が「どういうテーマで，この大造じいさんとガンをつくったのか」をめあてにした。

> 第3時の個人探究課題を継続的にめあてにする。

③ 学習者 B のデジタル OPP シートより（第5時）

僕は，他の椋鳩十さんが書いた他の本を読んだのですが，一貫して「動物との融和」を思って書いているのではないかと思いました。また，自分が読んだ他の本は，「子どもと野生の鷹が仲良くなっていき，それを他の人物が打ち倒してしまうお話」（中略）僕的にはそれを椋さんは否定しているのかなと思いました。また，大造じいさんとガンでは，結局一羽も大造じいさん

はガンを殺していなくてそこからも命の大切さ，動物の大切さが感じ取れると思いました。

学習者 B は，椋の他作品との共通点を見つけることで，テーマに関する考えを広げていることがうかがわれる。

④　学習者 B の魅力おすすめカードより（第8時）

情景描写が好きな5年生におすすめ

作品名:大造じいさんとガン
作者名:椋鳩十

小さな言葉に大きな意味

推薦者
児童B

（物語のあらすじ）
大造じいさんが残雪の仲間思いの姿を見て、仲間の大切さを知る話

魅力おすすめポイント① 大造じいさんとガンのテーマ

　僕は、このお話で、「大造じいさんとガン」のテーマについて考えました。どうやって調べたかと言うと、一つの調べ方として他の椋鳩十さんの本から調べました。たとえばある女の子が野生の鷹と仲良くなるが、人間のせいでたかは殺されるという物語があります。そのように**動物と仲良くなることはできる**のに、人間は自らその可能性を手放しているということを表現していると思いました。そして二つ目の調べ方として大造じいさんとガンの本文から考えました。すると、**命の尊さ**を残雪たちを一羽も殺していないところから表現しているというのを考えました。また、書かれたときの時代などの背景を調べることで命の尊さを表現していると考えました。つまり、テーマは動物たちとの融和、命の尊さだと考えました。しかし、それはこの椋鳩十さんの一つのテーマだと思います。この作品にこめたおもいはなんなのか！それは感じる人によって変わると思います。ぜひ皆さんもこの作品を読んで、テーマを探してみてはどうでしょうか。

魅力おすすめポイント② 東の空が真っ赤に燃えて朝が来ました。

　このお話には**東の空が真っ赤に燃えて朝が来ました**という一文があります。その中の言葉をみると、東の空が西の空でなかったのか、なぜ真っ赤なのか、なぜ朝なのかとどんどん**疑問が湧いてきます**。しかし、そのことを考えると、**大切な意味**があることがわかってきます。例を上げると、東の空がなぜ西の空でなかったのかというものの、朝は太陽が東の空に見えるから、西の空ではないという結論になりました。他にも、なぜ朝なのかでは、残雪がやってくるから、朝のほうが始まりという感じが強いからという結論になりました。多分他にもたくさん**違う見方がある**と思うので、ぜひ皆さんも読んでみてください。
　そして、題名にもあるようにこのお話には東の空という言葉のようにたくさん読者に想像させる言葉があります。それがやはりテーマを想像することともう一つの魅力だと思います。

最後に一言:
このお話は、上であげた2つの魅力に収まりません。ぜひみなさんも読んでみてはどうでしょうか

第3時に「判断」した個人探究課題の魅力を第8時でおすすめしていることから，単元のまとまりの中での学習者 B の「判断のスムーズさ」がうかがわれる。

学習者 B は，第6時の全体交流で深め合った情景描写の優れた表現にも魅力を感じ，考えを広げていることがうかがわれる。

⑤　学習者 B のデジタル OPP シートより（第12時）

　作品の作者の他作品もつなげて読んでみて，この作者のテーマをこうじゃないかなと想像していくことがとても大事なことと思いました。また，小さい言葉にも大きい意味があるので，これから言葉にもっとこだわって，読み深めていきたい。

単元前後の変容のまとめの文章からも，第3時の「判断」の適時性からの「判断のスムーズさ」がうかがわれる。

指導のポイント

学習者BのデジタルOPPシートから，個人探究課題を教師が見取り，椋の他作品を図書室から教室に置いたこと。

5 評価の実際

本単元において，学習者Aは「同課題グループ交流」をきっかけにして"優れた表現の魅力"の考えを形成した。一方学習者Bは「椋の他作品を置いた環境」をきっかけにして"作品のテーマの魅力"の考えを形成した。二人とも異なる「判断」の適時性がうかがわれたが，図のデジタルOPPシートなどから，学習場面での思考中における判断が表現へ円滑につながり，無理のない展開であり，「判断のスムーズさ」の質的な深まりがあったといえる。

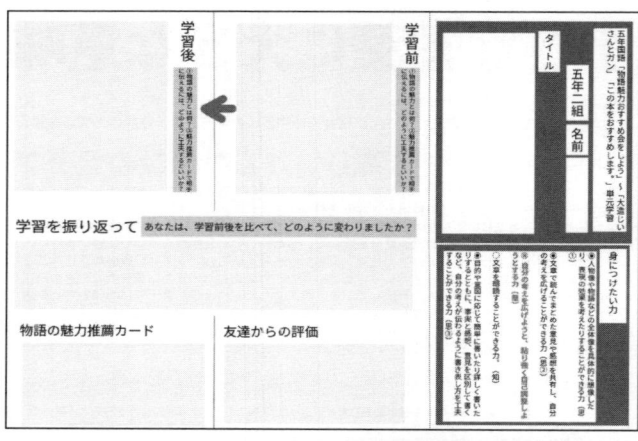

このように「判断」の質的な深まりをめざすためには，教師がそれぞれの学習者の「判断」を形成的に見取って評価したり環境設定したりする必要がある。また，学習者自身も，「判断」を自己評価したり，学習者間で相互評価したりすることで，自己の「判断」をメタ認知できると思われる。

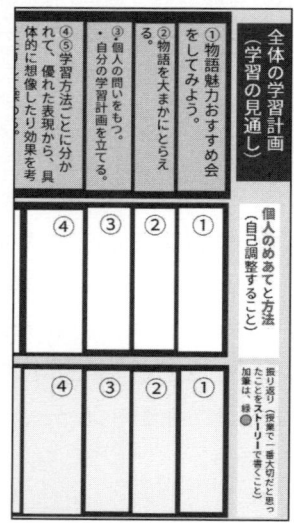

114

そのうえで，このデジタル１枚ポートフォリオ評価は，学習者が字数制限なく「判断」の流れを示しやすい点，データ共有でいつでもどこでも誰とでも容易に共有し，教師も学習者自身も「判断」を把握しやすい点から，実用的な方法の一つであると感じた。アナログにはない，デジタルのよさがあるといえる。

ただ，今回，授業後のふり返りを抽象的に記述してしまう学習者も一部見られた。学習者が具体的に自らの「判断」を記述する表現力の高さが一定レベル担保されていないと，どのように「判断」したかを客観的に把握することは難しい。よって，学習者側としては，デジタル１枚ポートフォリオ評価で繰り返し学習する中で，学習者が「授業中に一番大切だと判断したこと」をメタ認知し，分かりやすく具体的に表現できる力を身につけていきたい。教師側としては，デジタル１枚ポートフォリオ評価の精度を上げるために，授業録画，グループ対話録画，成果物など複数の評価方法を用いて，「判断」を分析する必要がある。また，今回の単元は「大造じいさんとガン」と「この本をおすすめします」複合単元で実施したが，より時数の少ないコンパクトな単元の方が判断のまとまりを評価しやすいと思われる。

（山下　賢）

実践へのコメント

　山下実践は，「判断の質的な深まり」（第１章２節参照）を「大造じいさんとガン」を通して，課題解明のために単元構想されたまさに「研究的実践」である。今回は「④判断のスムーズさ」に限定した授業プランを示されているが，読まれた読者はお分かりだろう。子供たちが本実践によって確実に読む力を身につけていることを。山下氏はデジタル１枚ポートフォリオの活用を実践から提案されている。読者はこれをマネしてもよいだろう。また，本提案から触発され「研究的実践」による別な提案でもよい。数多の「研究的実践」をお待ちしたい。優れた山下実践に応えることができるのは，あなたしかいない。

（桑原　辰夫）

2 単元名：「日本のふるさとの風景」を「趣言葉」で（中学２年）
教材名：自主教材

大和言葉の趣を味わい，
語感を生かして適語選択をする

1 　単元設定の理由

　本実践では「ささやか」「ひたむき」「ふもと」など，日本古来の情趣漂う大和言葉を「趣言葉」と称することとする。「趣言葉」は伝統的な言語文化として習得させたい語彙である。しかし，言語環境や言語生活の変化に伴い，中学生には馴染みが薄くなってきている。そうした中学生に，「趣言葉」の柔らかく温かい風情の漂う語感を味わい，その価値を認識し，自身が表現する際の語句選択に生かせるようになってほしいと考えた。

　そこで，単元前半には，日本の原風景を描いた原田泰治の絵を見ながら「趣言葉」を豊かに含む解説文を読んだり聞いたりして，よさを感じた語句の語感を言語化し「趣言葉」の価値をとらえる。後半には，「趣言葉」への関心の高まりや価値認識を生かし，各々が好きな絵を選んで解説文を書く。そこでは表したい内容にふさわしい語感の「趣言葉」を選んで使うようにする。

2 　単元の目標

　知・技　(1)エ　様子を表す和語やその類義語などを理解し，文章の中で使うことを通して，和語の情趣を感受し，語彙を豊かにすることができる。

　思・判・表　B(1)エ，C(1)エ　文章の中で用いられている語句の語感に注目してその効果に気づいたり，語感を語句選択の観点に加えて題材に適した語句を選択したりすることができる。

　主体的　大和言葉の価値を認識し言語生活で意識して習得しようとする。

3 単元計画（全5時間）

次	主な学習活動	手立て○・評価◆
1	①和語とは何かを確認し、その語感や語彙を豊かにするというめあてを理解する。 ・原田泰治の日本の原風景の絵を鑑賞したりその解説文を読んだりして、全体的な雰囲気を味わう。 ・解説文から語感のよい「趣言葉」を見いだし、感じ取った語感を発表し合う。 ②「趣言葉」を日頃使いがちな語句に変えた解説文と聞き比べ、味わいを確かめる。 ・文中の「顔をほころばす」を取り上げ、語彙の体系性や拡充の方法を学習する。	◆鑑賞文の中で、味わいのよさを感じた「趣言葉」に印をつけ、その語感を書いているか。 ○語感を表す語彙表を提示する。 ○絵に加え、音でも「趣言葉」のよさが味わえるよう読み聞かせもする。
2	③原田泰治のふるさとの絵から、好きな絵を選ぶ。 ・絵から頭に浮かんだ語彙を書き出し、それらの類義語（和語）を書き加える。また、オンライン辞書を活用して絵にふさわしい「趣言葉」を集める。 ④解説文、短歌、詩等を書く。 ⑤作品を読み合い、使われている「趣言葉」の語感のよさについて述べ合う。 ・学習のまとめをする。	○絵から思いつく語句とその類義語として多様な「趣言葉」を集める方法を教示する。 ◆絵にふさわしい「趣言葉」を選ぼうとしているか。 ◆友達の作品に「趣言葉」を見つけ、よさを伝えているか。
3	（事後）気になった「趣言葉」を記録する。	○語彙ブックを作る。

4 指導の実際

(1)　日本の原風景を描いた絵「田舎みち」（原田泰治（1988）『ふるさとの詩—原田泰治の世界』朝日新聞社より）に添えられた解説文の「趣言葉」の語感を味わう（第１時）

①　日本の原風景の絵画と和語が多用された解説文をセットの題材にする

　題材には，原田泰治による日本の原風景の絵とその解説文をセットで用いた。また，第２次では，原田泰治による他の絵を題材に，表現活動を行った。

単元の各授業のふり返りには，次のような記述があった。

ア「原田さんが使っている言葉がほのぼのとした絵ととてもあっていていい」
　（絵と「趣言葉」とに共通する情趣を感受，似つかわしいことへの気づき）

イ「優しい感じの和語を使っているから，清治さん（稿者注：題材中の人物）の性格とか田舎のゆったりした感じが伝わるのだと思いました」
　（「趣言葉」が絵の世界観を引き立てていることへの気づき）

ウ「原田さんの絵はほっこりする温かなものが多くて，自然とやわらかいような温かい言葉が連想されました」
　（絵から感受する情趣が「趣言葉」を自ずと引き出すことへの気づき）

指導のポイント

　「趣言葉」と接する機会が減っている学習者の中に眠る感性を呼び覚ますために，情趣の通底する絵と文章をセットで提示した。絵を見せながら，解説文を聞かせ，大和言葉の語感を味わわせた。両者の柔らかく温かみのある雰囲気が共鳴し，語感を享受しやすくなったものと思われる。

② 「趣言葉」から漠然と感じ取った「語感」を言語化し自覚する

　導入時に，大村はま（1970）『ことばの勉強会』の「おしまい勉強会」の段を読み聞かせ，本単元の重要な概念である「語感」を理解させた。その直後に原田泰治の「田舎みち」（1988）と題された絵を見せながら解説文を聞かせた。解説文が心地よく耳に届くのは，内容もさることながら，用いられている「趣言葉」の語感によるものだと確認し合った。そのうえで，自分が惹かれる「趣言葉」，好きな「趣言葉」に印をつけ，その理由を書き込むようにした。

　その際，さまざまな「趣言葉」によさは感じるものの，その感受したよさを表現する言葉がなかなか出てこないという困惑が多くの学習者に生じた。こうした情趣を表す語彙不足は想定されたため，このタイミングで，事前に作成した次のような**「趣言葉の語感を表す語彙表」**（50語ほど）を提示した。

> 柔らかい／ふんわり／なめらか／落ち着き／のどか／いやされる／和やか／おだやか／温かい／ぬくもり／優しさ／心温まる／安らぐ／なつかしい／ほのぼの／素朴／さりげない／ひかえめ／つつましい／奥ゆかしい／趣のある／古風な／品のある／情緒ある／味わい深い（豊か）／……

　指導のポイント

> 　語感の学習には二つの困難がある。「語感」とは何かを把握させることと直感的に享受した語感を明確に自覚させることである。前者については，大村はまが作成した，語感について話し合っている会話場面を読むことが，「語感」の具体的な理解を助けたと思われる。また後者については，用意した「趣言葉の語感を表す語彙表」（上掲）を頼りにすることで，「私の感じたよさはこれだ」と享受した語感を言語化することができ，語感自体とそれを感受することのできた自分を明確に意識できたものと思われる。一覧表は，第2次で友達の作品評価の際にも活用することができた。ただし，提示語彙の選択や語数の調整，目を通す時間の確保には留意が必要である。

③　朗読の「聞き比べ」で「趣言葉」の語感のよさを音としても味わいなおす

　あらかじめ，解説文中の「趣言葉」を，日頃使う語句で書きなおした文章（「……板取は，山間部にある静かな場所である。……きくさんは，だれもいない家の周囲を一生懸命除草している。……一本の煙が上がった。……」）を用意する。これを朗読した後に，元の解説文（「……板取は，山あいにひっそりとしたたたずまいをみせる。…きくさんは，人影のない家のまわりの草とりに余念がない……。一筋の煙がたちのぼった。……」）を朗読し，絵を見ながら聞き比べをさせた。その後の感想の語り合いでは，学習者から「優しい感じの和語を使っているから，清治さんの性格とか田舎のゆったりした感じが伝わるのだと思いました。文章の書き方だけでなく中の言葉も大事だと分かりました」「美しい言葉をいつも自分が使う言葉にするとなんかその場所の雰囲気があまり感じられなくなると分かりました」のような感想が聞かれた。

指導のポイント

　語感は，「①語が人に与える感じ，語のニュアンス，②それを感じ取る働き」とされる。意味上のニュアンスを除けば，語が人に与える感じとしては，目で感じ取る印象（ひらがなの柔らかみ，漢字の字形の特徴）と耳で感じ取る印象がある。解説文の聞き比べでは，音の感じに集中できるよう，目で文章を追うことをさせず絵だけを見て，言葉は耳だけで味わわせるようにした。

　絵と文の作者である原田自身は「あとがき」に「取材の旅をとおして，私も，“日本の心”を学んだ」と記した。原田のいう「日本の心」やそこにあふれる情趣は絵と言葉に通底するものであり，これが学習者の頭だけでなく心や体の中にも入ったといえる。感性は生得的に定まっているのではなく，養い，磨くことができる。こうした言葉への感性に培う語彙学習は，自分が表現に際したときに，適切な語句をスムーズに判断していく力となるだろう。私たちの行う言葉への判断は，最終的に感性によって行うからである。

⑵　好きな絵を選び，ふさわしい「趣言葉」を選んで作品を作る（第３時）

①　使えそうな言葉を集める（オンライン辞書での検索も活用する）

　題材として有効な10種類の原田泰治の絵から，各自が好きなものを選び，その絵から思い浮かぶ言葉を，「趣言葉」を優先しながら書き出す。

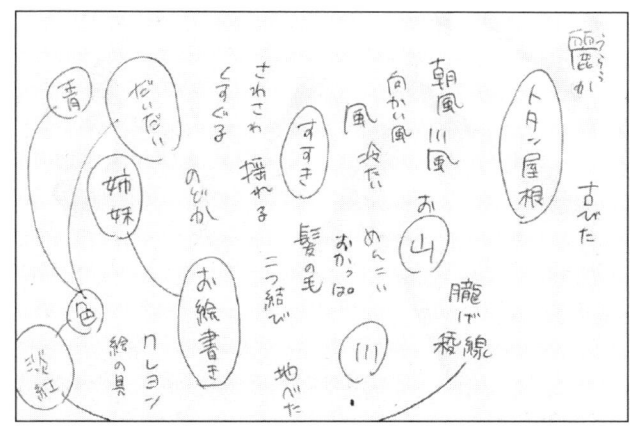

日本の原風景の絵から思いついた語彙マップ例

　これは，「晩秋の木曽」（原田泰治（1983）『原田泰治の世界　第２集　秋／冬』講談社より）を選んだ学習者の書き出した語彙マップである。

　この学習者は「（絵の中には）女の子がいて，そこから言葉を出していきました。おかっぱにはボブなどの言葉があったけどこの場面には，おかっぱの方があたたかみがあっていいかなと感じました。また，いつもなら『かわいい』だけれど『めんこい』が頭に浮かびました」と言葉を思いつくときの思考の様相を記述した。さらに，「『古い』から『古びた』など似た言葉に変換していくのが難しく，また，楽しかったです」ともふり返った。

指導のポイント

省察記述からは，学習者が「ボブ」や「かわいい」が一瞬浮かんだものの迷うことなく「おかっぱ」「めんこい」という「趣言葉」を選択するという，スムーズな判断をしている様子がうかがえる。スムーズな選択の基準として，絵から受けたイメージと「趣言葉」の語感との整合性があったものと推察できる。スムーズな判断は身体的な感性が支えている証左といえる。

また，大和言葉のもつ伝統的な言語文化としての価値に気づかせ，憧れを育むことも，学習者の今後の語句選択に生きるものと期待される。

② 語彙マップを生かした作品づくりとその鑑賞

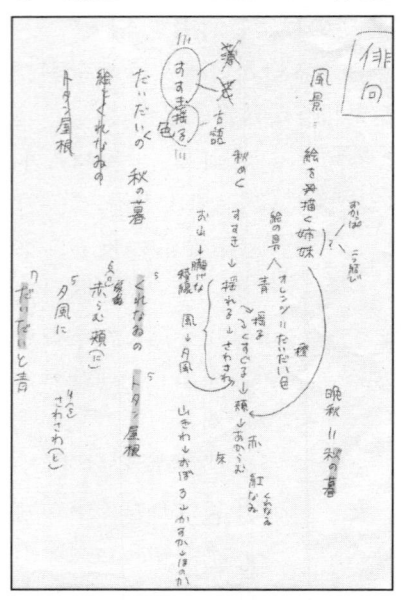

趣言葉を生かした俳句の創作例

前時の語彙マップをわきにおいて作品を創る（示す事例は俳句創作）。

学習者が絵の雰囲気にふさわしい俳句を創作しようと言葉を探し，組み合わせていく様子がうかがえる。「晩秋」という漢語から「秋の暮」という和語を引き出したり，「揺れる」を「揺る」と古語風の表現にしたりしている。最終的に仕上げた俳句は「すすき揺るだいだいいろの秋の暮」である。

指導のポイント

　絵から語彙マップを作成する際は，見つけたモノ（名詞）を書く傾向が見られた。また，思いついたこと，感じたことなどをなるべく「趣言葉」で書き出そうとしても，なかなか出てこなかった。そこで，思いつきは日頃の使用語彙で書いておき，その語句から「趣言葉」へとつなげる言葉集めの方法を指導した。名詞だけでなく形容詞，副詞，動詞を書き出して和語に変える，漢字を訓読みする，複合動詞を作る，などである。「書き出しなさい」という指示だけでなく，思うような関連語を書き出すには，具体的にどのような観点で引き出すのか，辞書（オンライン辞書を含む）はどのように生かすのか（どこの部分に着目してどのように調べるか）などを指導する必要がある。

　また使い慣れない「趣言葉」を使わせるには，それを使いたい，使わずにいられない表現の場や機会，題材を十分吟味する必要がある。

5　評価の実際

○学習者の「趣言葉」の語感を感受する力や「趣言葉」の価値認識の変容

　第１次の鑑賞文の中の「趣言葉」にどんな味わいを感じたかを言語化できず戸惑っていた学習者も，第２次の表現活動では，絵にふさわしい「趣言葉」を選ぼうとしたり，友達の作品の中に「趣言葉」を見つけて「趣言葉の語感を表す語彙表」を使ってよさを伝えたりすることができた。

○「趣言葉」の語感を感受し慈しみ，それを語句選択に生かす力の育成

　本実践で，大和言葉と同一の「趣ある情感」をもつ絵を活用したことは，語感の学習に有効であった。しかし，我が国の伝統的言語文化を慈しむ気持ちの醸成についてはこの単元一つで達成できるとは思えない。それでもこうした大和言葉を扱い，語感を磨くことが，表現の中で積極的に大和言葉を選択して使おうとする態度の育成につながるものと思われる。「言霊幸ふ国」の未来である子供たちの語感の育成は，語彙指導の今後の重要課題である。

（萩中　奈穂美）

実践へのコメント

　本実践は，「趣言葉」のよさを学習者自身が見いだし，言語化し，表現に生かそうとする姿勢を持続させつつ，感性的思考に支えられた語彙学習を展開している。原田泰治の絵画および解説文をセットで示している点，日常の使用語彙と「趣言葉」を聴覚によって比較させている点など，くふうが随所に見られ，学ぶところが大きい。学習者の実態に応じて，絵画や解説文の選定，「趣言葉の語感を表す語彙表」の内容，創作の種類などについて，さまざまなアレンジが考えられる。我が国の言語文化に親しみをもち，継承者であろうとする学習者育成に向けて，多くの可能性にひらかれた実践である。

（石原　雅子）

学習者の「選択しなかった」判断を生かす

1 単元設定の理由

　本単元は，中学1年生が入学後，描写に着目して物語を読み広げるおもしろさを知ることをねらいとしている。杉みき子の「にじの見える橋」（平成24年度版）をはじめ，「花曇りの向こう」（平成28年度版），「シンシュン」（令和3年度版），「はじまりの風」（令和7年度版）などは，物語の構造や展開が分かりやすく，描写を通じて冒頭と結末，および事件（出来事）の前後での登場人物の心情や行動，関係の変化を捉えやすい。

　本単元では，「2　精査・解釈　キ　大事な場面はどこか。登場人物の心情はどう変化したか」（本書31頁参照）という視点に基づき，心情の変化をとらえる際に「選択しなかった」判断にも注目させる。従来は「選択した」判断を自分の考えとして表現し，共有することが中心だったが，「選択しなかった」判断に目を向けることで，自分と他者の判断の"ずれ"を起点に主体的に読みを広げる授業を試みる。

2 単元の目標

　（知・技）　(1)ウ　一つ一つの言葉や描写の意味を考えることを通して，語感を磨き語彙を豊かにすることができる。

　（思・判・表）　C(1)イ　大事な場面や描写を吟味し，登場人物の心情や行動がどのように変化したかをとらえることができる。

　（主体的）　他者の判断や選択を尊重しながら，考えを伝え合おうとする。

3 単元計画（全4時間）

次	主な学習活動	手立て○・評価◆
1	①登場人物の心情の変化の方向性をとらえる。 ・少年の行動や心情を表す描写を「にじ」を「見る前」と「見た後」に分けて整理する。 （☆「はじまりの風」は「絵の中の風景」に「気づく前」と「気づいた後」で分ける） ・登場人物の心情の変化をズバリ一言で表現する（○○から○○へ変化）。	○描写を書き出してまとめさせる。 ○ズバリ一言で表現させる。 ◆内容の大体をとらえて言語化することができているか。
2	②物語全体から場面や描写の意味を考える。 ・心情の変化の方向性への共通理解を図る。 ・心情の変化を語るうえで「避けては通れない描写」はどこか，第1・第2候補を選択する。 （☆「はじまりの風」は心情の山場を選択）	○第1・第2候補の二つに絞って描写を選択させる。 ◆選択の際に，根拠を示しているか。
3	③グループで第1・第2候補の描写を検討する。 ・第1・第2候補の描写について，自分の判断理由をグループ内で発表する。 ・グループの第1・第2候補の描写を決定する。 ④全体で共有し，自分の考えを深める。 ・各グループが第1候補の描写とその理由を発表し，それをもとに全体で対話的に検討する。 ・更新された自分の考えをまとめる。 ・発表により全体で共有する（挙手・指名）。 （☆「はじまりの風」も同様に展開する）	○「選択しなかった」判断の理由にも言及させる。 ◆大事な場面や描写を検討し，吟味しているか。 ○自分の考えを再度，まとめさせる。 ◆自分の考えを深めているか。

☆参考として「はじまりの風」（蜂飼耳）を用いた授業展開例も示す。どちらの作品も出来事（「にじ」を見る／「絵の中の風景」に気づく）の前後で登場人物の心情が大きく変化する。

4 指導の実際

(1) 登場人物の心情の変化の方向性をとらえる（第1時）

① 登場人物や場面の展開を確かめる【場面に分ける→前後に分ける】

　登場人物や場面の展開を確認し，あらすじを押さえた（場面分け）。さらに，変化の起点となる出来事（「にじ」を見る／「絵の中の風景」に気づく）の前後で物語を分け，登場人物の行動や心情に関わる描写を書き出させた。

　指導のポイント

> 　あらすじや展開を把握させるのに場面分けは有効である。描写を書き出す際には，その描写が物語内でどこに位置し，他の描写とどのように結びつくかを考えさせることが大切である。一つ一つの描写の意味（「点」）と，物語全体の中でのつながりや機能（「線」）の両方から吟味させるとよい。

② 心情の変化をスバリ一言で言語化する【「○○から○○へ変化」】

　次に，「にじを見る前と後で少年がどのように変化した物語か」という問いを投げかけ，物語全体を見渡して考えさせた。これにより，登場人物の心情の変化を判断し，その結果を大まかな方向性として言語化させた（表1）。

表1　学習者が考えた「○○から○○へ変化」

> 「マイナス（−）からプラス（＋）へ」「暗いから明るいへ」「いらいらから前向きへ」「ネガティブからポジティブへ」「雨から晴れへ」「とげとげからやわらかへ」など

☆「はじまりの風」は，教科書に「暗から明へ」の心情の変化を整理した図が例示されている。

　指導のポイント

> 　「○○から○○へ変化」と一言で表現させることで，物語全体のあらすじや展開への理解を促すことができる。友達と同じ方向性の判断であっても，学習者自身が言葉を選び，自分の考えとして述べることを大切にしたい。

(2)　物語全体から場面や描写の意味を考える（第２時）

①　自分がとらえた心情の変化の方向性を語らせる【考えを音声言語化する】

　前時に考えた「ズバリ一言」（「○○から○○へ変化」）について，順番にその意図や理由をグループ内（４人）で発表させた（図１）。細かな描写に触れる発表は少なかったが，心情の変化の方向性について共通点が確認できた。また，発表はロイロノート・スクールのカードに録音し（ヘッドセットを使用），提出させた（表２）。

図１　発表を録音したカード

表２　学習者（「雨から晴れへ変化」）の発表例（＊音声データより）

> 　ズバリ一言，少年の心情が「雨から晴れへ変化」した物語だと考えました。この物語では，少年の気持ちに合わせて周りの風景の描写が変化していく流れがあって，その中で最も大事なのは，天気だと考えました。はじめ少年は，雨がやんでいることに気づかなくて，おそらくそのときに，既ににじが出ていたんだけど，これも気づいていないんだと思う。その割に，そのときの心情は結構しっかりと書かれてて下向きなのがよく分かる。なので，この時点では自分中心で周りの様子に気づかない状態だったということ。それとは逆に，物語の終わりにさしかかると，少年は周りの様子を見られるようになって，心もすっきりしている。友達ににじが出てるのを教えてるところとか，心情も雨からすっきりした晴れに変わったっていう感じがしました。

　　指導のポイント

> 　考えを語らせることで，内言として埋もれがちなさまざまな判断を表出させることが期待される。また，発表を録音して提出させることで，学習記録を残すと同時に，他者の発表にもアクセスできる環境をつくることができる。

②　自分の読みをつくるための判断と向き合っていく【描写を選択する】

　次に，心情の変化を語るうえで「避けては通れない描写」を考えさせ，学習者個人に第１・第２候補の描写を選択させた。学習者は選択の過程で，いくつもの判断と向き合うことになる。最初に選択した第１候補の描写は複数の箇所にわたった。「はじまりの風」でも同様の傾向が想定される（表３）。

表3　第1候補として選択された描写と選択が想定される描写（第2時）

「にじの見える橋」（避けては通れない描写）	「はじまりの風」（心情の山場の描写）
・「赤，黄，緑，太いクレヨンでひと息に引いたような……またいでいる」（pp.27 - 28）	・「レンは，はっとした。……あの絵。そう気づいたのだ。……眺めにちがいない」（p.24）
・「少年はためらわず，……二段ずつ駆け上って，……見わたすことができた」（p.28）	・「同じ場所に今，自分も立っている。……レンの前髪をゆらして過ぎていった」（p.24）
・「……生まれて初めてにじを見たのではないかと，少年は思った」（pp.28 - 29）	・「『風──。』……照らしている」（p.26）
・「少年はふと，初めて，自分のことを恵まれたものに感じた」（p.29）	・「もう一度，レンは，ゆっくりと……自分も絵を描いてみたい，と思った。……」（p.27）
・「少年は笑いながら，体をずらして，……足踏みしながら待った」（p.30）	・「そうだ，絵を描いてみよう。新しいことをやってみよう」（p.27）
	・「レンの心にも，……風が吹き始めた」（p.27）

指導のポイント

　第1・第2候補の順序だけでなく，そこでの判断の段階や“ずれ”にも注目させたい（表4）。第1候補の描写には，広い範囲からの選択が見られた。学習者の実態に応じて，選択する描写の条件設定を調整する必要がある。

表4　第1・第2候補の描写の選択における判断の段階と“ずれ”

○第1候補しか考えられない（第2候補はないという判断）。	（明確に判断できる）
○第1・第2候補の順に決められる。	
・第1・第2候補の差が大きい（スムーズに判断できる）。	
・第1・第2候補のどちらも選びたい（甲乙つけがたい）。	（判断の迷い・葛藤）
・第3候補（以降）も選びたい（取捨選択する必要性がある）。	
○第1・第2候補を選べない（決め手に欠ける，または判断不能）。	（判断できない）

☆「はじまりの風」においても，心情の山場となる描写の選択には“ずれ”が生じる。

(3)　「選択しなかった」判断を生かして描写を検討する（第3時）

①　自分が選択した第1・第2候補の描写とその理由を発表する【個人の判断】

最初に，グループ内で第1候補の描写を「選択した」理由と，第2候補の描写を「選択しなかった」理由を発表させた。これにより，学習者は自分の考えや判断を表明し，その判断に至る思考過程をグループ内で共有した。

② 　グループの第1・第2候補の描写を選択（決定）する【グループの判断】

　次に，グループ内で第1候補の描写を検討させた。その際に第2候補の描写を「選択しなかった」判断の理由にも言及しながら選択（決定）させた。

　　指導のポイント

　①・②を通じて，「個人の判断」から「グループの判断」へと移行させる。第2候補の描写について「選択しなかった」判断の理由に言及することで，第1候補の描写の選択の意図や根拠がより明確になる。また，安易に多数決で決めないよう注意を促し，第1候補の描写しかないと判断したグループには，無理に第2候補を決めず，次時の全体共有の中で再検討するよう伝えた。

(4) 　全体で考えを共有し，自分の考えや判断を深める（第4時）

① 　全体における判断の “ずれ” から対話的に検討する【全体の判断】

　「全体の判断」を検討する場として，グループの発表を通じて選択した描写を全体で共有した。まず，ロイロノート・スクール上で各グループの考えを一覧化し，多く選ばれた描写を選択したグループから発表を行った。その後，この描写を第2候補として選択したグループに「選択しなかった」判断の理由を述べさせ，全体にも意見を求めた。議論が落ち着いたところで，次のグループの発表へと進め，このプロセスを繰り返しながら議論を深めていった（表5）。

表5　各グループが「選択した」描写（上位四つ）〔対象：50グループ〕　＊（　）内は選択数

描写A「少年は笑いながら……足踏みしながら待った」	第1候補（14）・第2候補（12）
描写B「少年はふと，初めて……恵まれたものに感じた」	第1候補（12）・第2候補（13）
描写C「赤，黄，緑，太いクレヨンで……またいでいる」	第1候補（9）・第2候補（6）
描写D「少年はためらわず，……二段ずつ駆け上って，……」	第1候補（7）・第2候補（7）

② 　学習者自身が主体的に読み広げることへのおもしろさに気づく

　図2は，あるクラスで全体の議論が山場へと発展していったやりとりを板書したものである。矢印は物語の進む方向，☆は心情の高まりを表している。学習者は，☆1「変化点」，☆2「変化の大きさ・速度」，☆3「変化の山場」，☆4「山場中の山場」，☆5「山場後の余韻」と意味づけた。☆4・5は同じ描写Aでも，人によって異なる判断が見られた。

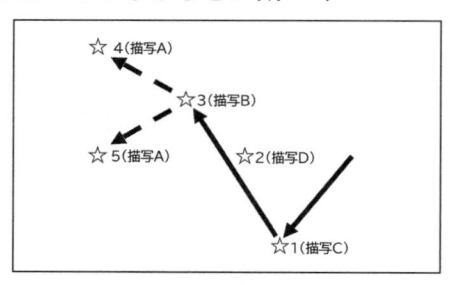

図2　学習者の議論の板書（再現）

　「はじまりの風」においても，山場のとらえ方には違いが生じてくる（「絵の中の風景に気づく」「見えない風を知る」「自分も絵を描いてみたいと思う」など）。例えば，心情曲線に具体

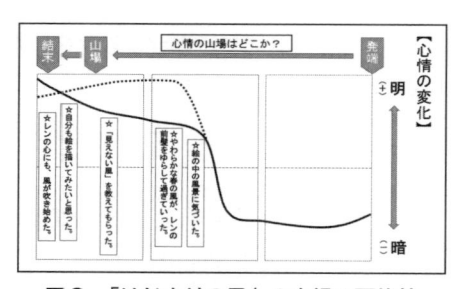

図3　「はじまりの風」の山場の可能性

的な描写をまとめながら検討することで，こうした違いを可視化できる（図3）。

③ 　全体での共有により，更新された自分の考えや判断を述べる場を設ける

　最後に，全体の共有を通じて更新された自分の考えや判断を述べる機会を保障し，学習活動全体のリフレクションと併せてふり返りを書かせた。

指導のポイント

　①の話し合いでは，自分やグループの思いが先行し，描写に基づかない意見に陥りやすい。そのため，「なぜそういえるのか」「根拠はどこにあるのか」と問いかけ，描写に基づいて判断させることが重要である。

　②で見られる学習者の興味による寄り道を通じて，自ら問いを立て，主体的に判断し，読み広げるおもしろさに気づかせることも重要である。

　③により，グループや全体で何かを選択（決定）する話し合いは，学習者個人の考えが十分に生かされない場合があるので個への配慮が大切である。

5　評価の実際

　本単元では，描写の選択における検討を通じて，自分の読みを形成できたかが評価のポイントとなる。これらは，発表や話し合いの録音データ，ノートやワークへの記述から，判断の深まりが生じた場面を質的に把握した。

　また，「選択しなかった」判断を意識したことで，第１候補の描写を選択した意図や根拠が明確になり，学習者がその方法に手応えを感じる様子も見られた。リフレクションには，「選ばなかった理由を考えることで，選んだ理由をより深く考えられた」「他の人の選ばなかった理由を聞くのがおもしろく，納得できた」「迷ったときに，不適切な理由を考えることも役立つ」などの記述があった。一方で，同じ描写でも異なる理由が挙がったり，「選択しなかった」判断の立場から反論を受けたりすることで，判断の“ずれ”に直面し，読み広げる難しさを実感している様子も見られた。

　物語を主体的に判断し，読み広げていく学習経験を積み重ねることで，中学校３年間を通じて判断する力を深めていくことが重要である。（細田　広人）

> **実践へのコメント**
>
> 　「にじ」を契機とした登場人物の心情の変化がよく伝わる教材である。また，同様に「１枚の絵」を契機とした別の物語の展開例を示したことで，授業の中でどのように扱っていけばいいかを考えることができる。ここで，心情の変化をとらえる際，「選択しなかった」判断を意識させたことで，第１候補の描写の選択の意図や根拠が明確になったことを，学習者も実感しているところに一つポイントがある。本文に立ち戻りながら，「選択しなかった」判断を生かして，どうして第１候補として選択したのかを，自分と他者の選択や判断からの「ずれ」から主体的に学習していく姿が見える。次の教材で，学習者自ら読みを深めていける仕掛けとなっている実践である。
>
> （森　顕子）

日常の指導で判断する力を育てる

1　はじめに

　「判断する具体的な姿」として，本会では「解釈・吟味・評価・選択・認定・見通し・決定」を挙げ，本書27頁に示したように「書くこと」の学習過程において「見通す」「見返す」「見渡す」ことを軸として，判断の精度を高められるとしている。この「見通す」「見返す」「見渡す」という行為がもたらす判断の高まりは，「読むこと」「話すこと・聞くこと」の学習過程においてもあてはまると考える。

　また，「判断する力」を育む国語の授業づくりのポイントとして，ⅰ 判断する場面の意図的な設定，ⅱ 判断（内容，根拠など）とそれに至る思考を学習者が記述する場や記述の仕方のくふう，ⅲ 個の判断と集団の判断のすり合わせ，ⅳ 自己の判断のヴァージョンアップと自覚，を本書11頁で挙げている。「判断する力」を育てるには，これらのポイントをもとに，比較的容易な判断から質の高い判断を行う学習経験を積み，自身で学習をふり返り，身につけた力を意識して，次の学習で生かすことが大切である。そのための指導のくふうをいくつか提案したい。

2　音読で判断する力を育てる

　日常的な国語の授業における判断する場面の一つに，音読がある。例えば，「お手紙」（アーノルド＝ローベル作）は，かえるくんとがまくんの会話のやりとりに心温まる文学的文章だが，主語が書かれていない箇所も多く，低学

年の学習者には，誰が話した言葉かを判断すること，どのような声の大きさや調子で，どのような気持ちで発した言葉なのかを想像することが大事な学習になる。

　会話文の上に，かえるくんの㋕を緑色，がまくんの㋕を茶色の色鉛筆で印をつけるなどして話し手を確認した後，登場人物の気持ちになって音読させ，互いの読み方の違いや受けた感じを話し合わせる。すると，感覚的な読みが自覚的な読みに変わり，友達のよい表現を取り入れたり，さらに感情を込めて表現したりしようとする。会話文でない地の文も，繰り返しの言葉に気づき，表情をつけて読もうとする。

　物語のクライマックスは，自分が書いた手紙の内容をとうとうかえるくんが打ち明ける場面である。このときのがまくんの「ああ」を「とっても嬉しい」「かえるくんはやさしいなあ」「うっとり」「もう，かえるくんとは，離れられない」などの気持ちだと，学習者は想像した。

　このように，想像を膨らませ，自分の読み方を決定し，表現したものを学習者自身や学習者同士で評価する。さまざまな思いが凝縮した場面を選んで読み味わう学習をすることで，学習者の読みの理解とどのように表現するか判断する力が高まり，物語全体の音読の仕方が変わる。

3　学習課題を立てる過程で判断する力を育てる

　「さけが大きくなるまで」という２年生の説明的文章の学習では，題名からさけについて知っていることを話し合い，第１段落でさけがどのような魚なのか文章中の定義を押さえた後，「さけはどこで生まれ，どのようにして大きくなったのか」という課題提示文を読み取った。そして，「初めて知ったこと」「不思議に思ったこと」を各自で短冊に書き出し，学級で共有して，教材文の問いとともに一人一人の疑問に思ったことを読み進め，「さけのふしぎブックを作ろう」という単元を構想した。

　知っていたこと，教材文を読んで初めて知ったこと，不思議に思ったこと

を分類することや，友達の意見と比較して共通点や差異点を見いだすとき，判断する力が働く。また，みんなで話し合いたい課題と自分で解決する課題を考え合う際にも，課題の困難さや重要さを判断する力が働き，学習の解決への見通しをもつ力を育てることにつながる。

さけが大きくなる様子を学習シートを使って読み進める際にも，シート下段に「学習して出てきたふしぎに思ったこと」を書いておき，後日，図書資料を読み，どの場面の出来事と関係するか判断しながら，分かったことを書き加え，新たに生まれる課題を解決しながら学習する楽しさを味わった。

〔学習者の学習シート例〕　　　　　　　　（？ふしぎに思ったこと　◇調べてわかったこと）

？　赤いぐみのようなものをなんでつけているのか。

◇　さけの赤ちゃんは，おなかにたまごのふくろをつけていて，それはえいようたっぷりのおべんとうということがわかった。

4年生の文学的文章「ごんぎつね」では，「感じたこと，考えたこと」「読み深めたいこと，みんなの考えを聞きたいところ」「くふうを感じる表現」の3点について初発の感想で書き，学習課題や学習計画につなげた。読み深めたい課題を共有することで，場面の扱いの軽重や登場人物・表現への関心の度合いを整理し，学習の見通しをもつことができたからである。

学習者が主体的に文章を読み進める意欲と課題意識をもつために，学年の発達段階や文種に応じて自分なりの感想や考えを表現する観点をくふうし，考え合いたい課題を個と集団で共有し，判断する学習場面を設定したい。

4　大事な言葉を押さえる学習で判断する力を育てる

低学年の説明的文章を読むことの学習では，構造と内容の把握に関する指導事項として，「時間的な順序や事柄の順序などを考えながら，内容の大体を捉えること」，精査・解釈に関する指導事項として，「文章の中の重要な語や文を考えて選び出すこと」が学習指導要領に示されている。

前述した「さけが大きくなるまで」の学習では，卵から成長し，川を下る

さけの様子を読み取るため，卵からいつ（時），何に変わっていくか，分かる言葉に印をつけ，話し合いをもとに大事な言葉を板書でまとめ，さけの絵カードを選んで大きさや様子を表す言葉を確認した。

〔第３時で扱った本文〕

④冬の間に……生まれます。大きさは……です。はじめは，ちょうど赤いぐみのみのようなものを……，やがて，……小魚になります。

⑤春になるころ，……川を下りはじめます。水にながされながら，……川を下っていきます。

〔教育出版２年下（平成17年）より引用〕

「冬の間に……さけの赤ちゃんが生まれます」「大きさは二センチメートルぐらいです」「はじめは，ちょうど赤いぐみのみのようなものをおなかにつけて……」の叙述が同じ時点の様子だと理解するのは，２年生の学習者には難しい。大事な言葉を選んだ根拠を話し合う中で，「たまごから」に着目し，次に変化する名称はさけの赤ちゃんであること，「やがて」と大きさを表す言葉に着目し，その次は小魚になり，３センチメートルは特徴だと学習者が気づいた。

　小魚が何になるか話し合わせたとき，「５センチメートルぐらい」という意見に対し，「５センチメートルぐらいだけだとそれが何か分からない」と理由を述べ，「５センチメートルぐらいになったさけの子どもたち」と付け足した。教師が，赤ちゃんの次は小魚とまとめた板書をふり返らせると，学習者は大きさを表す言葉を除き，「小魚が子どもになったから，たちはつけない」と述べ，「さけの子ども」と結論づけた。四つの名称を見渡すことで，単数形にする方がよいとの判断が働いたのである。そのうえで，①さけの赤ちゃんと小魚の違い，②小魚とさけの子どもの違いを文の言葉を使って吹き出しにまとめさせると，①について大きさ，赤いぐみ，②について大きさ，川を下るの観点を全て表現した学習者は24人中７名，

冬の間に　→　さけの赤ちゃん　→　たまご
やがて　→　小魚
春になるころ　→　さけの子ども

比べてはいるがいずれかの観点が抜けている学習者が11名であった。

　違いを書くには，押さえた特徴を観点ごとにどのように表現するか判断する力が必要である。根拠を明確にし，大事な言葉を自分で見つけることができるよう習熟・活用を図ること，理解した内容を表現させる学習活動を組み，判断する場面を重層的につくり出すことが大切である。

5　視点を変えて読む学習で，判断する力を育てる

　３年生の「モチモチの木」は，臆病で甘えん坊な豆太がじさまの急変に接し，勇気を出してふもとの医者を呼びに夜道をかけ下りる姿を描いた文学的文章である。語り手は「豆太ほどおくびょうなやつはない」と断じている。豆太の心情や人柄を考えながら読み進めるとき，じさまから見た豆太，モチモチの木から見た豆太，語り手から見た豆太というように視点を選び，「○○な豆太」と名前をつけながら，根拠となる叙述を読み取ってはどうだろう。

　じさまから見た豆太には，おくびょう豆太，かわいそうでかわいい豆太，甘えん坊の豆太，やさしさと勇気のある豆太，弱虫に戻った豆太といった姿が挙がるだろう。

　物語のすべてを見ている語り手から見た豆太の姿は多く，おくびょう豆太，昼間と夜で態度が違う豆太，あきらめの早い豆太，じさまが大好きな豆太，勇気のある豆太，弱虫に戻った豆太，といったものが挙がりそうだ。どの視点から見ても共通する豆太の姿もあるが，それぞれの視点から見た豆太の姿についてどの比重が大きいか順位をつけてみると，じさまと語り手から見た豆太の姿は，それぞれ異なるだろうと予想される。

　同じ視点の学習者や違う視点の学習者同士で読み取ったことを交流することで，人にはさまざまな面があること，見る人によって見える場面や姿，感じ方が違うことへの気づきが深まる。他の文学的文章を読む際にも，視点を意識して読み，叙述を多面的に判断する力を育てることにつながるだろう。

6 朝会講話の感想を書くことで，判断する力を育てる

　4年生以上の学習者に感想を書いてもらい朝会通信として紹介する取組を続けてきた。メモは取らず，一度聞いて心に残ったことや考えたことをA5判の紙に書くのである。令和2年6月22日の講話の一部と感想を紹介する。

> 〔講話〕～新聞で「コロナでいろいろ失ったけれど」という，小学生の記事を読みました。臨時休業で友達と会えなくなって，準備していた行事もできなくなったこと，分散登校が始まっても，水泳は中止になるし，ほかにもできないことが出てくるかもしれず，残念なことばかりなこと。福岡県の小学生ですが，感じていることは，みなさんと同じです。でも，その子は「今までの日常が幸せだったんだ」と学んだことや，コロナにかからないように気をつけて過ごそうと思っていると最後に書いてありました。皆さんも，コロナで学んだことや，気づいたことがあったでしょう。それは，どんなことでしょうか。（略）

> 〔感想1〕　クラスの席がすべて埋まる，そんな当たり前なことでさえ，かなわなかった。だから，会えなかった友達も多くて，とてもさびしかった。今，まだマスクをしていたり，席がはなれていても，クラスの席にすきまがないこの光景が，私にはみんなで手をつないで，笑っているように見えてくる。

> 〔感想2〕　今までの生活は当たり前と思っていました。コロナで学校などがストップして，勉強もできなくて「なんで？」と思いました。けど，ほかの国などではコロナがはやっていなくても，世界で何も起きていなくても，勉強ができない子がいるんだと思い，コロナで学んだことはいっぱいあるんだなと思いました。

　コロナで学んだことや気づいたことは何かという問いかけに対し，1の児童は，日常の幸せというテーマで個性的で豊かなものの見方・考え方を表現している。2の児童は，ほかの国ではコロナが流行っていなくても勉強ができない子供がいると気づき，身の回りから視野の広がりが感じられる。

　学習者の感想を紹介する際，話した内容を正しくふまえているか，自分らしい体験や考え，視野の広がりが感じられるか，自分事として主体的に関わろうとする姿勢や考えが表れているかといった視点で選んできた。この積み重ねが，何について，どのような言葉で自分の考えを記述するか判断する力の育成につながっている。国語の各領域で判断する機会を意図的に設け，判断する力を育て，思考力，判断力，表現力の向上を図りたい。　（小林　邦子）

3

日本語教育における「判断」

1 高等専門学校での日本語指導

　高等専門学校は，全国に国公立私立合わせて58ある。その一つ，津山工業高等専門学校総合理工学科では，令和5（2023）年4月，タイ王国立プリンセス・チュラポーン（日本の中学校に相当）からの留学生2人を受け入れた。彼らは国からの援助を受けながら，7年間学ぶ。日本語の能力を高めつつ，日本の進んだ科学技術を身につけ祖国に貢献する約束になっている。

　私は彼らに日本語を教え，生活全般をサポートする立場で本校に赴いた。彼らとの日々の授業の中で，私自身の日本語に対する意識に変化が生まれた。と同時に，言葉を獲得する過程に目がいくようになった。そこに，彼らなりの「判断」が働いていることを知った。このことは外国の方に対する日本語教育にとどまらず，日本人に対する国語教育〔義務教育相当〕での言葉の獲得に汎用できるのではないか，と考えた。

　彼らの目標は，日本語能力試験（JLPT）に合格することである。この試験は，日本語を母語としない人々の日本語の力を客観的に測定し，認めるものである。毎年夏と冬の2回，国際交流基金と日本国際教育支援協会の共催で行われている世界で約148万人が受験する最大規模の公の試験である。彼らはこの試験に，2年次にN3（検定の級），3年次までにN2，そうして卒業までにはN1に合格することが，タイ大使館から求められている。ちなみに，彼らの日本語力の指標として，来日して初めて書いた日本語は，次のようなものであった。「おほえないかんじを　れんしゅうして　おほえました（覚えていない漢字を　練習して　覚えました）」。日本に来る前に3か月程

の指導を受けてきた彼らではあるが，入学当初の日本語の力は，小学校の中学年程度であると思われた。

　高等専門学校では，高校生が通常学習するような英語や数学とは別に，電気機器Ⅰや総合理工実験実習などの専門科目が，早い時期から数多く入ってくる。かつ彼ら留学生たちには，日本語を早く取得するために，「国語」や「公共（政治経済）」の代わりに，「日本語」「日本語会話と聴解」などの単位を取得することが義務づけられている。1年次では，日本語Ⅰ（全64回），日本語作文（全32回），日本語会話と聴解Ⅰ（全32回），日本事情（日本文化を知る授業：土日に実施，年間で60時間以上），2年次になると，日本語Ⅱ（全32回），日本語会話と聴解Ⅱ（全32回）などが入ってくる。

2　指導の実際

　私が行っている実際の授業は，以下の①〜④で構成されている。
①テキストを音読する　②問題を解く　③疑問があったら（を見つけ）質問する　④「ふり返りシート」（1日の反省を書く紙）に記入する
　ここではこの③について，彼らの実際の質問を整理し，分析することによって，話を進めることにする。

A：類義語関係
　(1)「『備える』と『準備する』は，どう違いますか？」→日本語では同じことを言い表すのに，違った言葉を用いることが多々ある。だが，それらはどう違うかと聞かれると，即答しがたい。今回は，「備える」は和語で，「準備」は漢語であり，意味に大差はないと伝えた。しかし，実際私たちは和語と漢語を上手に使い分けている。そこには一定の判断が入っているように思われる。そのメカニズムを追究すべきであろうと考えた。
　(2)「先生，『載せる』と『置く』はどう違いますか？」→1年目も何回かはこの質問を受けた。が，2年次は彼らの質問の質が格段に上がった。ドキッとさせられ，その答えに窮する場面に，私は時々遭遇させられた。私たち

は，言葉そのものや言葉の意味を，いわゆる感覚で理解している。つまり，詳しく説明しなくても分かっていることにしている，のではないだろうか。そこを，彼ら自身で判断できるようにする指導が必要になってくるのではないか。彼らは常に，論理的に理解しようとしてくる。論理的な理解だけでなく，経験などを大いに活用して，日本語（日本人）の感覚に近づける（感覚を研ぎ澄ます）ような手立てが，今後必要となってきそうだ。

(3)「『賃』『代』『費』の違いは，何ですか？」→使用しているテキストの中に「運賃」という言葉が出てきた。私はその際，「他に『工賃』もある。また，『バス代』『交通費』という言葉もあるんだよ」と説明した。するとその直後，彼らから上のような質問が出た。確かに，似たような言葉で，「運賃」「家賃」「電車賃」などの「賃」，「電車代」「ガソリン代」「新聞代」などの「代」，それに「食費」「学費」「交際費」などの「費」が存在する。が，その区分や使い方について，私は瞬時に答えることができなかった。使い慣れている（当たり前に思っている）からこそ，説明できなかったのかもしれない。後に調べた。「賃」は「需要者が支払うべき対価」に対して，「代」は「その物自体にかかるお金」に対して，「費」は「あるまとまった期間にかかる費用」に対して，使うということが分かった。このことは，単にどちらの言葉を選ぶかではなく，どんな言葉に付随するかによって判断することになる，と考えた。

B：対義語関係

(1)「『ふえる』の反対は，何ですか？」→１年次から，授業中に私が彼らに言い続けてきた成果が，今ここに少しずつ表れてきている。論理的思考が得意な彼らにとって，対義語を意識することは，言葉の使い分けや，表現の確かさや豊かさを確認するうえで，たいへん重要なことのように思われる。言葉の的確な判断は，より多くの言葉を知るところから始まるのではないか，と私は考えている。

C：発音関係

(1)「先生，バスケの卒業した先輩のことを何と言いますか？」→授業で，

「帯（おび）」という単語を教えたとき，突然，彼らの口から発せられた言葉である。私は最初，彼らの言っている意味が分からなかった。が，３秒後に理解した。そうして「それは，OB = old boy のことだよ」と説明した。彼らは，新しい単語を耳から覚えている。「帯（おび）」は，発音上英語の「オービー」に聞こえるらしい。実際の授業では，彼らは私の発音を真似している。その際に自己の既存の発音の知識と照らし合わせて，言葉を判断しようとしていることが分かる。また，日本語の特徴の一つである言葉の省略についても教える必要性を，ここから気づかされた。

D：外観（形）関係

(1)（「妻」という漢字を，私がホワイトボードに書いたときに）「それは『毒』ですか？」

→彼らに限らず，外国の日本語学習者の多くは，まずひらがなの習得から入ってくる。その後，少しずつ漢字やカタカナに触れ，語彙を増やしていくのである。日本に来て幾分慣れてきた彼らは，漢字がおもしろくなり，その獲得に多大の興味を抱き始めた。彼らは漢字を覚えるのに，形で覚えているということなのである。その後に出てきた，「製」と「袋」についても，似たようなことがいえる。すなわち，海外からの日本語学習者に漢字を指導する際は，「形から入れ！」ということである。「持つ」を教える際には「待つ」を，「態」を教える際には「能」を，ということである。これは，日本人の小学生の漢字獲得の過程と似ている。その漢字は既存のどの漢字と同じなのか，はたまた違うのか。形によって，こういった判断をしているということなのである。

E：類義語以外の関係

(1)「『開放』と『開店』は，どう違いますか？」→この質問で，彼らは漢字をずいぶん分かり始めたのだなと，私は思った。それは，主に二字の熟語の成り立ちを考え始めた結果の質問だと，私は受け止めた。実際，この二つは類義語とはいわないが，漢字の配列上，つまり「開」という字が同じようについているからこそ，似たような言葉と感じられるのである。

(2)「先生，『津波』と『津山』はどう違いますか？」→「津波」という単語を説明しているときの，彼らからの質問である。私たち日本人の感覚では，「津波」と「津山（岡山県の地名）」は全く別物である（類義語とはいえない）。だが彼らにしてみれば，「津」といえば，現在住んでいる「津山」なのであろう。すなわち，彼らは自分の知る範囲から，単語の構成にも着目し始めた。そこに，彼らなりの判断が働いていると思われる。

F：その他

(1)「自分でやってから，でいいですか？」→問題を解く際，私は必ずその文（文章）を音読させ，その後解かせるようにしている。一番の理由は日本語に多く触れさせる（慣れさせる）ため，もう一つは彼らの発音が正しいかどうかを見極めるため，である。この日も，「ではＡ君，読んでみて」と指示した後，彼が先の発言をしたのである。彼は，教師の解説を聞く前に自分の力だけで解いてみたかったというわけである。今年度に入って，この発言が格段に多く見られるようになった。これは，彼らの日本語に対する自信の表れであり，自身の力を試そうとする真摯な姿なのだと考えた。

(2)「『も』を，もう１回説明してください」→これも，彼らの成長をうかがい知ることのできる貴重な発言の一つである。一般的に日本の学習者たちは，その多くが面倒くさがりである。かつ，授業の中ではシャイである。分かったことにしておけば波風も立たないし，教師もそのまま進めてしまう。しかし，留学生の彼らは違っていた。「もう１回説明してください」と私に嘆願してきた。これは，「分かりたいし，疑問のままでは終わらせたくない」という彼らの切なる思いである，と私は受け取った。もちろん，前年度から私が言い続けてきた「よく分からなかったら，質問しなさい」に，彼らは応えているだけかもしれないのだが，こんなところからも，彼らの学習に対する意欲の高さがうかがい知れる気がする。

(3)「先生，今の発音，合ってますか？」→「近代化」という単語を発音した後の，彼らの言葉である。私はきちんと発音できていると思っていたのだが，彼はそれを正しいと言ってほしかったらしい。最近，この言葉も多く聞

けるようになってきた。ここにも，彼らの意識の高さが分かる。Ｃでも述べた判断がここにも，働いているのである。

　(4)「先生，関係ないですよね」→テキストの中に，「『いつも元気な彼が（　　　　）わけがない』の（　　　　）内に適切な文を考えて書きなさい」という設問があった。片方の留学生が，「赤点を取る」と答えたことに対するもう一方の留学生の言葉である。「いつも元気」ということと「赤点を取る」ということは関係がない，と彼は思ったのである。日本人なら常識の範囲であると思うのだが，来日して１年余りの彼がそれを口にしたのである。

　(5)「『ワンチャン』」って，どんな意味ですか？」→「どんな意味ですか？」という言葉は，授業中よく聞かれるものである，とは先に述べた。しかしその多くは，テキストに出てくる言葉に対する質問なのだが，このときはテキストに載っていない日常生活の中（漫画『スラムダンク』の中の言葉）に分からないものを見つけ，質問してきた。他にも，高専生がよく用いる「カミ（神）」「マジ」などの若者言葉（流行語）に対しても，彼らは意識を向け始めている。どの言葉が生きていくうえで必要であるかを，彼らは気づき始めたようである。

3　評価の実際

　以上の分析の結果，以下の４点が見えてきた。
1　言葉の獲得は，似た意味の言葉の取得から入る。
2　漢字の取得は，形から入る。
3　彼らは言葉をロジック（論理性）で判断しようとしている。
4　日本人の通念及び常識は，日本語学習者には通じないことが多い。
　上記のことは，義務教育の中の国語教育にも適応できる，と私は考えている。①〜④の事柄をもとに，個々バラバラにではなく，総合的に判断することが，言葉の獲得に役立っているのではないかと考えた。

（宇都宮　紀雄）

6　AI と判断する力【読むこと】

1　単元名：ディベートで深める「走れメロス」（中学２年）
　教材名：「走れメロス」（光村）

生成 AI を活用してディベートする

1　単元設定の理由

　本単元では，「走れメロス」を題材に，生成 AI も活用しつつ，価値論題型のディベートをすることを通じて，物語をより深く解釈し，多様な視点から判断する力を育むことをめざす。生成 AI は膨大な情報源から適切な情報を引き出し，新たな視点を提供することで，学習者に深く考察する機会を与える。これを活用することで，学習者は生成 AI からの情報を取捨選択し，登場人物の心情の変化や場面構成など，「構造と内容の把握」や「精査・解釈」に関わる観点から読みを深めることが期待できる。また，他者との議論を通じて，根拠に基づいた主張を形成する「判断の根拠の確かさ」を深めることも期待できる。ディベートの言語活動を通して，多面的な魅力をもつ「走れメロス」の価値に迫っていきたい。

2　単元の目標

　（知・技）　(2)ア　意見と根拠，具体と抽象など情報と情報との関係について理解することができる。

　（思・判・表）　C(1)イ　「読むこと」において，目的に応じて複数の情報を整理しながら適切な情報を得たり，登場人物の言動の意味などについて考えたりして，内容を解釈することができる。

　（主体的）　ディベートで聴衆を説得するために，情報を精査し，分かりやすく伝えるなどグループで粘り強く協力して取り組もうとする。

3 単元計画（全5時間）

次	主な学習活動	手立て〇・評価◆
1	①ディベートで「走れメロス」を読む意義を理解し，作品を精読し学習の見通しをもつ。 ・グループで以下から論題と立場を選ぶ。 　A）メロスは真の勇者である。 　B）ディオニスは暴君ではない。 　C）メロスとセリヌンティウスは本当の友情で結ばれている。 　D）メロスは王城に戻るべきではなかった。 　E）メロスの行動は計画的なものであった。 　F）この作品は中学生が学ぶべき名作である。	〇4人×6グループを作る。 論題は教師が示し，選ばせる。 〇どの語句が重要か，どの語句にこだわりたいかグループで方針を決め，論題と立場を決める。
2	②ディベート立論の準備をする。 ③❶価値論題型ディベートの学習モデル（教師自作「ドラえもんは理想のロボットだ」立論シナリオ）を読み合い，ディベートのイメージをもつ。 ❷グループで立論や質疑，反駁を考える。立論を考えたら，それを生成AIに読み込ませ，反論をしてもらうなどして，主張をさらに磨き上げる。	〇他者の意見から考え方，感じ方を広げ，自分の考えを深めていく。 ◆複数の情報を整理し，登場人物の言動の意味などについて考え，内容を解釈することができるか。
3	④「走れメロス」ディベート大会を行う。 ⑤ジャッジは聴衆（クラスメート）が行う。ディベート後に，ディベートでの立場を離れ，改めて作品の評価をする。	◆グループで考えた読みを聴衆に伝わる表現で訴えているか。

4 指導の実際

(1) グループで立論や質疑，反駁を考える。（第2・3時）
① 定義と主張を吟味する

　「ディオニスは暴君ではない」という論題を支持する肯定側チームは，ま
ず，自分たちの主張を整理するために「暴君」という言葉の定義を自ら設定
するとともに，生成AIなどを使って幅広く調査した。その結果「暴君とは
人々を憎み，国民などを悪意をもって苦しめたり，私欲のために苦しめたり
して，国民からの信頼がない人のこと」という定義を採用することに決めた。

　次に，この定義に基づき，「走れメロス」の本文からディオニスに関する
引用をできるだけたくさん取り上げ，ディオニスが暴君には該当しないこと
を示す解釈を具体的にリストアップした（下画像）。

行	引用、または内容（こう書いてある）	解釈（ここはこう読める）	使う	想定される反論	反論への反論
	例）セリヌンティウスを人質に差し出した	メロスにとって、セリヌンティウスは自分の命と同じくらい大切な宝物であるという存在	☑	セリヌンティウスだったら処刑されてもいいよということでは？　なぜ妹を差し出さない？	妹よりもセリヌンティロスにとって大切だ
	人を信ずることができぬというのです。	人を信じられない→なにか理由がある	☑	それはディオニスの心構えの問題では？	民衆がきっかけ（C
	少し派手な暮らしをしている者には、人質を一人ずつ差し出すことを命じております。ご命令を拒めば、十字架にかけられて殺されます。今日は、六人殺されました。	殺された人たちは命令を拒んだ。拒まなければ殺されない	☐	殺していることには変わりない	言うこと聞かなかった得
	「おまえなどには、わしの孤独の心がわからぬ。	ディオニスは孤独	☑		
	「疑うのが正当の心構えなのだと、わしに教えてくれたのは、おまえたちだ。人の心は、あてにならない。人間	民衆からのなにかの行動がきっかけで暴君になってしまった。→変わった。本当は平和を望んでいる→自分の	☑		

　例えば，「ディオニスは処刑を行っている」という反論に対して，「処刑は
秩序維持のための命令に背いたためであり，悪意や私利私欲からの行動では
ない」と説明することで切り返す計画を立てた。このように，チームは引用
文や具体例を精査し，最も効果的に主張を伝えるための戦略を練った。

　　指導のポイント

　　教師は，学習者が立場に基づいて判断をする際に，チームごとに立論を整理す

るスプレッドシートを用意して，本文をもとに解釈を導き，反論を想定して意見を主張するように促した。このスプレッドシートはグループ内で活用するとともに，教師とも共有することで，グループ内で協力して検討し合ったり教師が支援したりできるようにした。

② 立論ができたら生成 AI を活用し，反論してもらい，さらに磨き上げる

肯定側は，次のように立論を考えた。

> 肯定側立論を始めます。
>
> まず「暴君」について定義をします。
>
> 「暴君」とは「人々を憎み，国民などを悪意をもって苦しめたり，私欲のために苦しめたりして，国民からの信頼がない人のこと」とします。
>
> 現状分析です。
>
> ディオニスは人を信じることができないがために多くの人を殺していましたが，最後にはメロスとセリヌンティウスの友情に感化され，今までの行動を改めることにしました。
>
> 5つの証拠資料を提示します。
>
> ① p.198 l.1「その王の顔は蒼白で，眉間のしわは刻み込まれたように深かった」
>
> ② p.197 l.12-15「このごろは，臣下の心をもお疑いになり，少し派手な暮らしをしている者には，人質を一人ずつ差し出すことを命じております。ご命令を拒めば，十字架にかけられて殺されます。今日は，六人殺されました」
>
> ③ p.198 l.12-15「疑うのが正当の心構えなのだと，わしに教えてくれたのは，おまえたちだ。人の心は，あてにならない。人間は，もともと私欲の塊さ。信じては，ならぬ」
>
> ④ p.198 l.17「わしだって，平和を望んでいるのだが」
>
> ⑤ p.211 l.10-13「どっと民衆の間に歓声が起こった」
>
> ここから私達の解釈を展開します。
>
> ディオニスは，多くの人を殺しました。しかし，それは，ディオニスが人の私欲などに裏切られ，失望し，平和を望みながらも人を信じることができなくなったからだと解釈します。
>
> また，本心から民衆を憎んでいるわけではなく，王自身も現実の状況に思い悩んでおり，葛藤しているということも読み取れます。王の顔が蒼白であったのは，現実の状況について思い悩んでいたからです。
>
> また，物語の最後にはセリヌンティウスとメロスの友情に感化され，今までの行動を反省していたことから，ディオニスのこころねはよいと解釈できます。

以上の五つから，ディオニスは暴君ではないといえます。

　また，最後の場面でディオニスが行いを改めると言ったところで，もともと最悪の君主として嫌われていたのであれば，「人を信じます」と言っただけで「王様，万歳！」とはならないですよね？

　よって，ディオニスは暴君ではなく，むしろ民衆の信頼を集めていたよい王様だったといえます。

　皆さんはこれを聞いてもディオニスは暴君だと思いますか？　思いませんよね？　ぜひ，肯定側の意見に賛同してください！　これで，肯定側立論を終わります。

　しかし，これでディベートの準備が完了したわけではない。この立論を生成 AI（Bard：現 Gemini）に読み込ませ，反論やフィードバックをもらうことにした。すると，AI は次のような趣旨で反論を提示した。

　肯定側ではディオニスが「人を信じることができない」という状況に追い込まれ，結果として多くの人を殺してしまったという点に焦点をあて，彼を暴君ではないと主張しています。しかし，この論点には以下の点で反論の余地があります。

１．結果責任：

　ディオニスは，たとえ「人を信じることができない」という状況に置かれていたとしても，結果として多くの人を殺害したという事実から逃れることはできません。指導者としての責任は重大であり，その結果に対しては責任を負う必要があります。

　「平和を望んでいる」という本心と，実際に起こした行為との間に大きな乖離がある点が問題となります。

２．民衆の信頼：

　肯定側は，物語の最後にディオニスが改心したことで民衆が歓声を上げたという点を根拠に，ディオニスが民衆の信頼を集めていたと主張しています。

　しかし，民衆の歓声は，ディオニスが本当に改心したからではなく，単に恐怖から解放されたという安堵感や，新たなリーダーへの期待感によるものかもしれません。

　また，物語の結末が必ずしも現実社会におけるリーダーの評価基準になるとは限りません。

３．暴君の定義：

　肯定側は，暴君の定義を「人々を憎み，国民などを悪意をもって苦しめたり，私欲のために苦しめたりして，国民からの信頼がない人」としていますが，この定義はあまりにも狭義であるといえます。

　暴君とは，必ずしも個人的な憎しみや私欲から行動するとは限りません。制度的な問題や，誤った信念に基づいた行動も暴君を生み出す可能性があります。

この AI からのフィードバックを受け，肯定側グループ（学習者 ABCD）では次のように対策を話し合った。

> A：反論，けっこう鋭かったね。「結果責任」ってところ，うちらの論の穴を突かれている気がする。
>
> B：でも，ディオニスは本当に心から人を信じられなくなっちゃったんだもん。かわいそうじゃない？
>
> C：かわいそうかもしれないけど，人がたくさん死んじゃったんだから，ただかわいそうって済む問題じゃないよね。
>
> D：そうだね。多くの人が犠牲になったなら，ディオニスは責任を取らなきゃいけない。
>
> A：じゃあ，ディオニスが暴君じゃないっていうには，どうする？
>
> B：メロスとの友情とか，最後に改心したところとか，もっと強調すればいいんじゃない？
>
> C：でも，それじゃ感情論になっちゃうよ。客観的な視点から考えないと。
>
> B：でも，ディオニスも本当は平和を望んでたんだもん。
>
> A：じゃあ，こうしよう。ディオニスは暴君的な行動を取った時期もあったけれど，その行動には背景があり，それに至る理由や複雑な事情があったというふうにまとめよう。
>
> B：でも，やっぱりディオニスはかわいそうだよ……。

　このように，AI からのフィードバックを受けて，最初の立論で挙げた理由に揺さぶりがかかり，それをきっかけに議論がさらに深まっていることが分かる。また，AI が指摘した冷静で客観的な論点に対し，「かわいそう」という感情的な視点からディオニスの行動をとらえようとする姿勢も興味深い。この事例から，AI と人間が協力して考えを深めていることが分かる。

　まず，AI が提示した「結果責任」や「暴君の定義が狭い」という指摘が，新しい視点を与え，議論を進めるきっかけになった点が注目できる。このフィードバックを受けて，「ディオニスの行動は状況に追い込まれた結果なのか，それとも結果責任を免れられない暴君的行為なのか」というテーマについて考えなおす機会が生まれた。その過程で，単に「ディオニスは暴君ではない」と主張するだけでなく，彼の行動やその背景を多面的にとらえようとする思考が深まっている。

また，「感情的な視点」と「客観的な視点」が議論の中でせめぎ合っている点も興味深い。「ディオニスは平和を望んでいたのにそれが叶わず，かわいそう」という感情的な訴えに対し，「感情論だけでは説得力が弱いので，客観的な根拠を示すべきだ」という指摘があがったことは，議論をより説得力のあるものにしていきたいという判断の成熟を示している。これは，感情に頼るだけでは不十分であり，論理と事実に基づく主張が重要だというディベートの本質を理解し始めている証拠だ。

　さらに，AIの指摘を受けた後に「ディオニスは暴君的な行動を取ったが，その背景には複雑な事情があった」という新しい主張が生まれた点も重要だ。この展開により，議論の焦点が「彼が暴君か否か」という単純な問いから，「ディオニスの行動や人格をどのように評価すべきか」という深いテーマに変わった。こうした判断の変化は，議論の質を高めるだけでなく，自分たちの考えをより掘り下げていくきっかけになっている。

　このように，AIが議論を深める触媒として機能していることが分かる。AIは冷静な視点から議論の弱点を指摘し，学習者が新しい考え方やアプローチを探るきっかけを提供している。一方で，学習者は感情や倫理的な観点を議論に加えることで，議論を人間らしいものに発展させているのである。

指導のポイント

　本単元の学習では保護者の許諾も取り，学習者は生成AIをディベートの準備に活用できるようにしている。ただし，初めて生成AIを操作する学習者がほとんどなので，その手引として，生成AIでどんなことができるか活用例を示したり，プロンプトを例示したりした。また，ディベートは論理的な正しさだけでなく，ジャッジである聴衆の共感を得ることも重要なポイントとなる。単なるAIの意見の受け売りではなく，聴衆の心を動かすことができるように，心を込めて，自分の言葉で語りかけることができるように学習者に促した。

5 評価の実際

　評価では，ディベートの準備と実践を通じて，「走れメロス」への理解がどれだけ深まったかを重視した。そのため，ディベート後にはふり返り活動を行い，学習者に担当した立場に関係なく自分の意見を再考し，新たな解釈をまとめるよう促した。これにより，ディベートを通じて視点が広がり，考察が深まった様子を確認できた。

　評価基準としては，複数の観点や根拠を使って主張を論理的に展開し，反論を予測しながら解釈を述べた学習者を高く評価した。学習者はディベートの活動を通して，作品の構造や登場人物の心情を深く理解し，多角的な解釈力を身につけている様子がうかがえた。最終的に，ディベートは単に勝敗を競うだけではなく，学習者の考えを広げ，文学作品の価値に迫る学びの場となった。

　また，生成 AI を活用したことで，より客観的かつ論理的な議論が展開され，学習者の主体的な学習意欲を引き出す成果が得られた点も，この実践の大きな手応えとなった。
（渡辺　光輝）

実践へのコメント

　渡辺実践は，AI を効果的に使った新しい実践だが，10年後にはあたり前の実践になってほしいものである。言葉で表現をする目標をもった学習者は，学んだことを生かしてよりよい表現を求めていく。しかし本番で表現をしてしまうと，それ以上をめざす子は教師が思うほど多くはない。そこで，本番前の学習者に AI がフィードバックすることは，よりよい表現に向けて多面的に思考・判断していくことにつながる。教師のフィードバックと同様のようだが，AI のフィードバックは評価を伴わないものと認識されるため，思考・判断を誘発させる活性剤であり，教具となるのである。
（梅津　健志）

生成AIによる作文制作を考える

1 はじめに─生成AIの能力を利活用した発想指導への着眼

　70年余りに及ぶ人工知能への研究開発により，対話能力，問題解決能力をもった生成AIが2022年11月に出現した[注1]。

　生成AIが変える世界の一つに作文があり，それは従来の作文指導法を劇的に変革するという可能性を提示している。その利活用は一般社会において急速に伸び，その構造は，文章を「作る」から「得る」へと動きつつある。

　成長期の学習者の利活用には，さまざまな懸念と検討課題があり，教育的環境の整備を待たねばならないという大きな光と影をもつものの，整備後の利活用の備えは必定ととらえている。

　少なくとも生成AIから適切な回答を得るための入力の技能，すなわち指示文作成技術（プロンプトエンジニアリング）技能（スキル）は必要である。

　その生成AIを動かす指示文作成技術の中枢となるのが，的確な「課題文」および「条件」の入力であるが，発想段階で課題と条件を組み合わせ，学習者の思考を支援するという生成AIの入力構造に近似した作文指導法は，「課題条件法による作文指導」としてすでに存在している[注2]。

　生成AIの技術と，開発から60余年の歴史をもつ「作文指導法」の技能とを組み合わせることで，効率的，かつ迅速に，学習者の自立学習を支援できるととらえている。次の資料1は，筆者が「発想」指導の段階に絞り，どのような指示文が必要かを考え作成した概案を表にしたものである。

資料1　生成 AI を利活用した発想指導に必要な指導法と技能概案

機能＼比較	生成 AI の利活用による指導法	従来の指導と対比
生成 AI を利活用した発想の学習指導	思考を引き出す「見つける」ための方略 思考を支える「見通す」ための方略 得た情報をもとにさらに選択，判断するために「見つける」ための方略	モデル文や関連情報等，満足度の高い情報を得られるように簡潔にして十分な指示文（プロンプト）を入力するスキルを会得させる。 (1)最初の指示文での情報 　①課題文の作り方 　・何を求めているのかの指示 　②課題文に条件を加える方法 　課題文の補助として具体的な条件のつけ方を選択・判断 　・誰のためのものか 　・何のためのものか 　・どんな場面で使いたいか 　・どんな姿で使いたいか (2)思い通りの回答でない場合 　①指示文の内容変更の方法 　②条件を変更，追加する方法 (3)回答を追加，まとめたい場合 「続けて」「ほかに」「まとめて」	(1)文話，先輩の作文，学校・地域文集等参考作品 (2)モデル文の提示 (3)課題や題材のくふう (4)ブレインストーミングや対話による発想指導 (5)図書情報やインターネット情報による情報収集 (6)「課題・条件法」による学習「条件作文」 ・目的の確認，相手の分析，立場を選択，決定 ・文章の姿の選択，決定 「構成・文字数・文体」など

　生成 AI を利活用したい範疇は「発想指導」であるが，具体的には「思考を引き出す」（見つける）とともに，「思考を支える」（見通す）ためのエンジン部分である。そのエンジン部分の構造に近似する日本の「作文指導法」との関連を次に述べたい。

1　判断の本質性

2　目的に合った制度内容

3　判断の根拠の確かさと根拠の広さ

4　判断のスパイスを

5　介法の踏切性・くふうの見られる判断

6　AI と判断する力

2　生成 AI のモデル図と，その利活用の課題

　『大規模言語モデルは新たな知能か』の著書である岡野原大輔は，「大規模言語モデルはどのように動いているか」において，「生成 AI のモデル図」を示している[注3]。そのモデル図は 3 層からなり，第 1 層の「入力層」は，具体的には問いかけをもつ言葉の指示文（プロンプト）であり，その指示を受けて第 2 層の「中間層」はシナプスがニューロンにつながって入力層から上に点線で囲まれた各層の間を次々と伝播させていく様子が示されている。この中間層は計算機であり，課題解決能力をもつように繰り返し学習させたものである。この中間層を経て第 3 層の「出力層」につながり，この「出力層」が再び「言葉」として利用者に伝わるという構造である。この中間層は，人間の言語処理能力に匹敵する，あるいはそれ以上の知をもつ部分である。すなわち，利用者は入力層において的確な指示文を出せば，それがエンジンとなり，中間層の計算機を働かせ，出力層の文章化された回答を得られる構造であることを見いだせる。したがって，文章は「作る」から「得る」へと変化をしている状況にあるととらえるものである。

　次頁の図は，上記説明の生成 AI の 3 層構造と従来の作文指導の制作過程の違いをとらえるために，筆者が岡野原大輔氏の図をもとに改変を試み対比させたものである。（注 2）の「課題条件法」は，発想段階，すなわち生成 AI の第 1 層において，学習者の思考を促すためにくふうされた「課題」に加えて選択肢をもつ「条件項目」を提示するという指導法である。学習者はその条件項目の各項目を選択，判断する中で漠然とした想から明確な輪郭をもった想へと移行していくという指導法である。

　この両者に近似性を見いだすのは，発想段階のエンジンのかけかたである。一方，似て非なるものは中間層である。生成 AI に依存し続けた場合，中間層での言語処理という人の脳内で行う言語処理能力の育成への懸念が生じる。作文記述における脳内での思考の軌跡を内観法でとらえた先行研究による

と[注4]，視覚化された図には制作過程の中で複雑に行きつ戻りする思考の姿がある。制作過程そのものが思考力を必要とし，同時に育成する機能をもつ中，成長期の児童・生徒の生成 AI の利活用には多方面からの検討が必要であるのは，この図から見取ることができると考える。

| AI の場合 | 入力層（指示語） | → | 中間層（計算機） | → | 出力層（作文） |
| 人の場合 | 入力層（課題・条件） | → | 中間層（言語処理能力） | → | 出力層（作文） |

3 「外部脳」の近接による「思考を育てる大枠」のとらえ直し

文部科学省は，令和 5 年 7 月に生成 AI の教育現場における利活用について初等中等教育向けのガイドラインを示し現在リスク管理の検討段階である。

しかし，一方で生成 AI の利活用が，学習者への個別対応，主体的な学びにつながり，指導者にとっては多人数の添削や評価等，物理的能力を超えた仕事を補完援用する有効なツールとして，その利活用を模索，積み上げていく必要もあるととらえている。作文（表現）学習過程そのものにどう「取り込み」，あるいは「取り込まないか」という視点からの検討である。見方を変えれば，生成 AI という「外部脳」が近接してきたことで，「学習者の脳で思考し，判断する領域はどこか」「発達段階をどうするか」という実践レベルでの「思考の大枠」が見えやすくなるようにも考えられる。戦後，連綿と続いてきた作文学習指導の課題を解決するチャンスでもあると考えている。

4 指示文作成の技能は作文制作過程を支える思考力・判断力でもある

前述した 3 において，生成 AI という「外部脳」が近接してきたことで，「『思考の大枠』が見えやすくなるようにも考えられる」と述べたことについて補足したい。それは，生成 AI の情報は，単なるコピー能力だけでは，「得

る」ことはできないことにある。先の資料１の表「(1)最初の指示文での情報」として「以下の指示，入力が必要である」と「課題文」と「課題文に条件を加える方法」を提示したが，それらが生成 AI という「外部脳」を動かす鍵であるためである。

　①課題文の作り方　　何を求めているのかの指示
　②課題文に条件を加える方法
　　課題文の補助として具体的な条件のつけ方を選択：判断
　　誰のため　何のため　どんな場面で　どんな姿で使いたいか

　生成 AI は，曖昧な入力では曖昧な回答しか得られないため，簡潔にして要点を得た課題文や条件の入力が必要である。「誰のため」「何のため」「どんな場面」「どんな姿」でと指示文を考えることは，判断の連続であり，まさしく作文指導の「発想学習」を行っている状況ととらえられる。一方，そこで得られた作文や情報であったとしても，「取捨選択」や次の情報が必要となり，そこには「選材」の技能が機能する。これらの過程を経て，初めて「書くことの見通しをもつ」ことになる。

　以上の視点で指示文作成の技能自体が作文制作過程を支える思考力・判断力であるという大枠でのとらえ方もできる。その点で作文技能を習得している大学生や社会人とは違う発達段階を加味したとらえ方も必要ではないかと考える。

5　結びに

　令和５年の不登校児童約34万6482人，加えて在留資格の変更に伴う外国人児童・生徒の増加により，作文制作全体を学習者が自立的に書くという，従来のいわば「王道」の作文指導法だけでは対応できない状況が生じている。「学びの多様化学校」の設置が急がれる中，受け皿としての学校での利活用も考えられる。学習者の表現は絵から文・文章へという道筋を好む場合もある。自己表現により鬱屈とした思いを解消したり，成長へのきっかけをつか

むことがある。絵にも強みをもつ生成 AI の利活用により，学習者自身が絵本や詩集を創作したり，日本語学習者にとっては大きな壁であった日本語への翻訳，表現という作文活動の可能性が見えてきたと考える。

　その発想のヒントは，手塚治虫氏の『ブラック・ジャック』を関係者が生成 AI に指示文の入力を重ねることで，新たな作品を創り出す手法に触れたことである。新たな創作に挑戦するその過程に必要な技能である指示文の存在と入力方法，その結果得られる新たな絵と文章の完成度の高さは，今日の複雑な国語教室の課題解決の一助を示唆するととらえるものである。

　法律を含む生成 AI の教育環境整備が急がれるが，その先に学習に支障をきたしている学習者にも，生成 AI が，自身の心を解放できる希望のツール，時にはパートナーとしての機能を果たす存在になり得ると生成 AI の光の部分の教育への利活用を考えるものである。

（宝代地　まり子）

（注１）岡野原大輔（2023）『大規模言語モデルは新たな知能か』岩波書店
（注２）奈良国語実践研究会編（1990）『課題条件法による作文指導中学校編』明治図書（＊同年　小学校編も刊行）
（注３）「大規模言語モデルはどのように動いているか」（前出　岡野原大輔『大規模言語モデルは新たな知能か』pp.92-95）
（注４）鈴木隆一『思考過程を生かした作文教育の研究－中学校における作文指導を中心に－』（平成三年度兵庫教育大学大学院学位論文）

〈参考文献〉
・大澤真幸・今井むつみ・秋田喜美・松尾豊（2024）『生成 AI 時代の言語論』左右社
・野村総合研究所編（2023）『まるわかり ChatGPT＆生成 AI』日本経済新聞社
・宝代地まり子「主体的学習を支える学習指導研究」－巳野欣一氏の「書くこと」「読むこと」の学習指導研究を通して今学ぶこと，第19回「攷」の会，2003年８月，兵庫教育大学

あとがき

　私たちの生活の中には，自明視して疑問をもつことがほとんどないものが案外多いかもしれない。「思考力・判断力・表現力」も学習指導要領改訂のたびにこれに類する言葉を目にして，セットの語句あるいはほぼ成句として受け止めていないだろうか。改めて見つめて気づいたのが「判断力」である。これまで国語教育の世界では，昭和52年告示の学習指導要領が「表現」と「理解」で領域を規定していたように，「思考力」と「表現力」を育てることが大きな柱となっていた。だからこそその間に挟まれた「判断力」に目がいきにくかったのかもしれない。

　そして，そのような気づきに端を発し，本研究を2021年の研究大会後から開始した。「判断」に関する理論面での追究とともに実践研究を重ねてきた。

　ある意味，これまでは実践現場で学習者が「判断する」ことをことさら意識し強調することなく暗黙的に指導の中に盛り込んでいたのではないか。それに光を当てることで，判断する力が国語科学習にどう作用し深めることに寄与するのかということに切り込むことができた。

　ここまでたどり着いた研究の成果を，さらなる実践を通して確かなものとしつつ深めていきたいと考えている。

　読者の皆様から忌憚のないご指導ご意見をいただき，本研究のさらなる進展に今後も努力して参りたい。

　本書をこのような形にまとめることができたのは，明治図書出版社の皆様，とりわけ企画の相談，編集まで細やかにご対応くださった木山麻衣子編集部長のご尽力のおかげである。深く感謝申し上げる。また，執筆にはかかわっていない本会の会員諸兄姉との学び合いや支えがあってのことであることを申し述べ，感謝の意を伝えたい。

2025年3月

研究推進委員長　阿部藤子

【執筆者紹介】（執筆順）

益地　憲一	元　関西学院大学教授
阿部　藤子	東京家政大学教授
植西　浩一	元　広島女学院大学教授
宗我部　義則	お茶の水女子大学附属中学校副校長
米田　猛	富山大学名誉教授
澤本　和子	日本女子大学名誉教授
川畑　惠子	元　奈良教育大学附属中学校教諭
岡島　眞寿美	奈良県葛城市立當麻小学校
大塚　みどり	徳島県美馬市立三島中学校教諭
大井　育代	徳島県上勝町立上勝中学校長
森　美帆	徳島県徳島市千松小学校教諭
津守　美鈴	徳島文理大学教授
友永　達也	神戸大学附属小学校教諭
川嶋　英輝	教育出版教育研究所主任研究員
小阪　昌子	徳島県徳島市国府中学校教諭
府川　孝	元　神奈川県小田原市立矢作小学校教諭
薦口　浩一	兵庫県西宮市立用海小学校教諭
宮城　久雄	兵庫県尼崎市立長洲小学校長
藤井　篤徳	長野県箕輪町立箕輪中学校教諭
村上　博之	関東学院小学校教諭
岡田　博元	お茶の水女子大学附属小学校教諭
片山　守道	お茶の水女子大学附属小学校副校長
菊地　圭子	東京学芸大学附属竹早中学校教諭
高木　佐和子	富山県富山市立堀川中学校教諭
山下　賢	兵庫県尼崎市立清和小学校教諭
桑原　辰夫	元　千葉県野田市立宮崎小学校長
萩中　奈穂美	福井大学准教授
石原　雅子	関西外国語大学准教授
細田　広人	筑波大学附属中学校教諭
森　顕子	東京学芸大学附属竹早中学校副校長
小林　邦子	東京都府中市立府中第六小学校長
宇都宮　紀雄	津山工業高等専門学校特命准教授
渡辺　光輝	お茶の水女子大学附属中学校教諭
梅津　健志	千葉県柏市立富勢小学校長
宝代地　まり子	NPO法人武庫が丘まちづくりビューロー副理事長

【監修者紹介】

益地　憲一（ますち　けんいち）
国語教育実践理論研究会会長。元関西学院大学教育学部教授。
兵庫県生まれ。お茶の水女子大学付属中学校教諭，信州大学教
育学部教授を歴任。
〈著書〉
『国語科評価の実践的探究』（溪水社，1993年）
『国語科指導と評価の探究』（溪水社，2002年）
『大正期における読み方教授論の研究―友納友次郎の場合を中
心に―』（溪水社，2008年）など多数。

【編著者紹介】
国語教育実践理論研究会
（こくごきょういくじっせんりろんけんきゅうかい）
略称KZR。1961年発足の「国語教育実践理論の会」（飛田多喜
雄氏が主宰）の後継研究会。現場の国語科学習指導の実践と理
論の架橋を目指して研究活動をしている。近年の成果は以下の
著書にまとめている。
『誰にでもできる国語科教材研究法の開発』（明治図書出版，
1989年）
『新提案教材再研究―循環し発展する教材研究　子どもの読
み・子どもの学びから始めよう』（東洋館出版社，2011 年）
『〈書く〉で学びを育てる―授業を変える言語活動構造図―』
（東洋館出版社，2014 年）
『対話的に学び「きく」力が育つ国語の授業』（明治図書出版，
2018年）
『「感性的思考」と「論理的思考」を生かした「ことばを磨き考
え合う」授業づくり』（明治図書出版，2020年）

【事務局】　お茶の水女子大学附属小学校内　岡田博元

国語教育選書

「判断する力」を育む国語科の授業づくり

2025年4月初版第1刷刊　監修者　益　地　憲　一
©編著者　国語教育実践理論研究会
発行者　藤　原　光　政
発行所　明治図書出版株式会社
http://www.meijitosho.co.jp
（企画）木山麻衣子（校正）丹治梨奈
〒114-0023　東京都北区滝野川7-46-1
振替00160-5-151318　電話03(5907)6702
ご注文窓口　電話03(5907)6668
＊検印省略　　　　　　　組版所 日本ハイコム株式会社

Printed in Japan　　　　ISBN978-4-18-236635-2
もれなくクーポンがもらえる！読者アンケートはこちらから　→